U0130343

1368～1644

永樂大典卷之一萬六千二百八

刘钢 著

明朝
270年

明朝的外交博弈
和权力游戏

江苏凤凰文艺出版社
JIANGSU PHOENIX LITERATURE AND
ART PUBLISHING

图书在版编目（CIP）数据

明朝270年：明朝的外交博弈和权力游戏 / 刘钢著
. —— 南京：江苏凤凰文艺出版社，2024.4
ISBN 978-7-5594-8513-7

Ⅰ.①明… Ⅱ.①刘… Ⅲ.①中国历史 – 明代 – 通俗
读物Ⅳ.① K248.09

中国国家版本馆 CIP 数据核字（2024）第 053936 号

明朝 270年：明朝的外交博弈和权力游戏

刘钢 著

责任编辑　王昕宁
策划编辑　罗　盛
特约编辑　连　慧
装帧设计　苏艾设计
责任印制　杨　丹
出版发行　江苏凤凰文艺出版社
　　　　　南京市中央路 165号，邮编：210009
网　　址　http://www.jswenyi.com
印　　刷　天津鸿彬印刷有限公司
开　　本　880毫米×1230毫米　1/32
印　　张　7.25
字　　数　100千字
版　　次　2024年 4月第 1版
印　　次　2024年 4月第 1次印刷
书　　号　ISBN 978-7-5594-8513-7
定　　价　58.00元

江苏凤凰文艺版图书凡印刷、装订错误，可向出版社调换，联系电话 025-83280257

　　"朝贡"和"海禁"是明朝对外交往的双线政策，"朝贡"让明朝政府建立起以儒家文化为核心的国际政治秩序，"海禁"却反而成了"倭患"的催化剂。

第二章　躁动的海洋　　　　　　　　075

　　西班牙、葡萄牙，还有海上马车夫荷兰强势登上历史舞台，他们的风帆遍布世界，也来到了东亚。无往不利的海上霸主们是怎样和明朝相处的呢？白银为什么源源不断地流入中国呢？

第三章　火炮、白银与权力 　　　　111

　　明朝是名副其实的白银帝国，世界经济中心之一。丰富的物质基础使得商业飞速发展，催生了数量庞大的市民阶层，对传统的官僚系统产生了重大影响。

第四章　摩登时代　　　　163

　　明代的中国人参与到了世界全球化的进程中，东西方文化发生碰撞、交流，中国逐步展开了西学东渐，欧洲刮起了"中国热"的风潮，这一时期，中国诞生了许多伟大的思想家。

序　言

　　明朝建国伊始，在朱元璋的主导下官方就开展了积极的对外交往，其推行的朝贡体系在亚洲建立起了以明朝为中心的政治秩序。永乐、宣德时期郑和舰队的七下西洋更是引得万国来朝，收获了一帮"小迷弟"。彼时的朝鲜王国长期奉行慕华政策，习中华俗、行中华法，并骄傲的以"小中华"自诩；与中国一衣带水的日本开启了从元朝以来断绝的中日交往。

　　在明朝积极外交的同时，世界迎来了地理大发现时代。欧洲人一刻也没有忘记过这个远在东方的神秘国度，寻找富庶的"契丹"成了推动大航海活动的直接动力之一。来自伊比利亚半岛和尼德兰低地的各国摩拳擦掌，跃跃欲试。葡萄牙人、西班牙人、荷兰人都试图与大明王朝建立贸易关系，他们带来的大帆船和火炮让太平洋变成了一片"躁动"的海域。在这个阶段，明帝国通过贸易将全世界三分之一的白银收入囊中，成了全球的财富"吸泵"。同时，番薯与玉米也进入了中国人的食谱。

海洋贸易和迅速发展的商品经济让明帝国变成了当时世界上最具活力的国家之一，中国成了早期经济全球化的重要一环，勤劳勇敢的华人也掀起了下南洋的序幕。繁华的商业催生了无数城镇和新兴行业的诞生，改变了人们的生活。"时尚人生"成为城市生活的主流追求——巨富商贾们"盖别墅""拼豪车"，普通市民也能够时常享受文化盛宴。经济与商业的繁荣让明代社会结构与价值观产生巨大变化，商人获得了前所未有的认同感，市民阶级在历史舞台上大跨步地前进。乡绅接管基层，官僚掌握中枢，享乐主义与拜金思想风靡一时，同时也孕育出东方的启蒙思想。

除了哥伦布、迪亚士等早期寻找财富的航海者外，身披教袍的传教士们历尽千辛也来到了梦想中的国度，他们带来了欧洲的数学、天文学。明王朝面对西方文化既没有拒之门外、也没有盲目追捧，他们采用平和开放的心态了解、观察欧洲的文化，面对西方先进的科技，徐光启淡定的说出"会通以求超胜"。另一方面，中国的典籍也通过传教士们带回了欧洲，在欧洲掀起了一阵"中国风"的潮流。

太阳底下无新事，一切事物发展的根源都与经济有关，政治和战争很多时候是经济问题的延续。早期的经济全球化，中国也被裹挟其中，成了早期经济全球化进程中最重要的连接部。如果说洪武时期是中国封建集权制的新高峰，那么随着与世界的交流和发展，到了嘉靖时期，中国已经发生转型和巨变，书写出了崭新的篇章。

第一章　万国来朝

第一节
开放的帝国——明朝的主动外交

"朝贡"和"海禁"是明朝对外交往的双线政策,"朝贡"让明朝政府建立起以儒家文化为核心的国际政治秩序,"海禁"却反而成了"倭患"的催化剂。

治太平

洪武二十一年,公元 1388 年,捕鱼儿海[1]。

不计其数的牛车与马车并排,一望无际,车旁的牛儿在湖边悠闲地进食。草场上的元军士兵有的三两围坐,有的在摔跤比武,不时从人群中传来喝彩与笑声。而此

---

[1] 今贝尔湖。

时向南八十里，一支大军正在疾行，中军阵列策马前行的主帅蓝玉喃喃："王弼应该到了。"

　　还是捕鱼儿海，刚才还是晴空万里的湖边骤起狂风，一时间飞沙走石，白昼如晦。久在漠北，元军已经对变幻莫测的天气见怪不怪，就当士兵们开始有条不紊收拾行帐时，突然发现在不远处的沙尘中冲出了一支盔明甲亮的骑兵。元军被敌人猝不及防的冲锋弄得阵脚大乱，毫无招架之力，四散溃逃。霎时间，战马的嘶鸣、骑兵的喊杀声与元军惊恐的哀号震彻云霄，而冲杀最积极的，正是由大将王弼统领的先锋部队。此战元廷悍将——太尉蛮子[1]战死，太师哈剌章失踪，明军击溃元军七万余人，蓝玉一战封神，被朱元璋封为梁国公。明朝自建国起，北境就鲜有安宁，而更令明朝政府头疼的是需要时刻防范来自沿海的威胁。世界迎来了大航海时代，日本人、葡萄牙人、西班牙人、荷兰人、英国人轮番登场，纷纷以友好或者不友好的形式造访明帝国，"南倭北虏"长期威胁国家安全。

---

[1] 太尉蛮子亦作阿怜歹、囊加歹。出身名门，战功煊赫，受封郡王，是元末的重臣。

公元 1368 年，朱元璋在应天[1]称帝，大明朝上线。戎马一生的朱元璋在建国后最大的爱好之一就是和儒生列坐相论，很难想象这位没有受过多少正统教育的皇帝和大臣们讨论诗词歌赋、历史文学的场面，朱元璋最感兴趣的还是历史。他对《汉书》等史籍尤为熟悉，出于英雄相惜或是经历相似的缘故，汉高祖刘邦是朱元璋最为敬仰的皇帝之一。有次他问近臣，楚汉相争为何汉高祖能胜出？有人答："刘邦善于用人。"朱元璋则认为："项羽不施仁义，而刘邦谦逊宽大，故能胜出。"儒家"仁义礼智""德被四方"的思想已经深深的印在了明太祖的意识之中，这种思想也被他用在了指导对外政策上。大半辈子都在战乱中度过的朱元璋登基后的第一要务就是要保证国内稳定，他深知一个友好、稳定的国际环境才能实现"治太平"的理想。于是他开始推行积极的外交政策，其目的就是建立起一个以明朝为中心的朝贡体系，打造充满儒家色彩、和谐共处的国际政治秩序。

---

[1] 今南京。

"护照"

何为"朝贡"？让时间回到洪武元年，公元 1368 年，明朝初立，明太祖便遣使安南[1]，诏曰："朕肇基江左，扫群雄，定华夏，臣民推戴，已主中国，建国号曰大明，改元洪武。顷者克平元都，疆宇大同，已承正统，方与远迩相安于无事，以共享太平之福。惟尔四夷君长酋帅等，遐远未闻。故兹诏示，想宜知悉。"这封诏书在表达了明王朝宣誓正统和希望睦邻友好的意愿之外，还蕴含着朱元璋希望"以德使四夷怀之"，建立以明朝为中心的朝贡体系，在国际上确立"礼的秩序"。《诗经·商颂·殷武》中——"昔有成汤，自彼氐羌，莫敢不来享，莫敢不来王。曰商是常。"可见在商朝时外邦朝觐就成了外交惯例。

在古人的世界观中，"中国"是世界的核心，整个世界是以"中心加四邻""华加夷"的形式存在的。明代重

---

[1] 今越南。

要的行政法典《大明会典》中用了五卷内容来详细阐述周邻与明朝的朝贡关系，并且以"东南夷、北狄、东北夷、西戎"等称谓来表述周边的国家。这种概念来源于西周时期的"五服制"——《国语·周语上》记载"夫先王之制，邦内甸服，邦外侯服，侯、卫宾服，夷、蛮要服，戎、狄荒服。甸服者祭，侯服者祀，宾服者享，要服者贡，荒服者王。日祭，月祀，时享，岁贡，终王，先王之训也。"五服规定各诸侯国按照离周天子的远近程度，要承担相应的义务，"诚意、正心、格物、致知"，"诚意"则为义务的首要。这些饱含儒家文化色彩的价值观几乎全被整合到了明代的外交指导思想中。"以诚为本""宽容仁爱""以和为贵""厚往薄来"成了明代对外交往的基本指导方针，以达到"中华"与"狄夷"和谐共存，在国际上确立"礼的秩序"的理想模式，朝贡模式实质上是将中国的封建君臣关系复制到与周边邻国的关系之中。

洪武二年，公元1369年，南京。

帝国的首都迎来了千里之外的异国嘉宾。这些客人不但身着盛装，而且还带来了数量众多的例如金银器、人参、貂皮等珍贵物品。这支队伍就是来自朝鲜半岛的高丽使团，众多的珍宝是他们带来的"贡品"。除此之外他们还有一个目的，那就是"请封"。朱元璋对高丽使团恭敬的态度十分欣喜，下诏曰"良由素习于文风，斯克勤修于臣职，允宜嘉尚，是用褒崇"，册封高丽掌权者王颛为国王，赐金印、诰文，朝鲜使团的到来标志着朝贡体系开始在国际上得到认可。从洪武二年到洪武十一年，先后有安南[1]、占城[2]、日本、真腊[3]、暹罗[4]、琉球[5]等十几个国家入明朝贡。随着贡国的不断增加贡制度也日臻完善。

　　洪武十六年，公元1383年起，前来大明朝贡的使团必需持有"护照"才能顺利进入中国，而这种"护照"就是勘合。它是明朝政府使用的一种纸质凭证，由含有骑缝印、字号等辨识要素的底簿与勘合纸组成，文书合在一起时可通过印识字号辨别真伪，有点类似于我国古代常用兵符的"纸质版"。外邦入贡时不但要进行核验，

---

［1］今越南北部。

［2］今越南南部。

［3］今柬埔寨。

［4］今泰国。

［5］今日本冲绳。

而且要在文书上记录朝贡使团人员、贡品及明朝政府回赠品等详细内容，且"四夷入贡中国必奉表文"。

"表"是我国的一种文体，在历史上一般是臣工向皇帝进言的规范行文，唐宋以后这类文体逐渐开始向庆贺、进献之类的功能转换。日本僧人瑞溪周凤在《善邻国宝记》中曾有记载。永乐元年，公元1403年，日本国王致永乐帝的朝贡表文中写道："日本国王臣源表：臣闻太阳升天，无幽不烛，时雨沾地，无物不滋。"这篇表文中，日本国王以"臣"自称。

表文在朝贡过程中是极具政治意义的官方文件，明朝政府对贡国的表文用词有着极其严格的规定，如发现有篡改则坚决不许使团入贡。勘合制度的形成也标志着封建专制皇权在外交领域的确立。

万国来朝

在朝贡时，相比于国外使团进贡的物品，明朝政府往往给予不计成本的巨额回赐，以彰显恩典，在这种"薄来厚往"的理念指导下，贡国们也乐得前来朝贡，因为每次到明朝进行"国事访问"都能赚得盆满钵满。据《弇山堂别集》[1]记载，永乐三年，公元1405年，朱棣赏赐日本国王源道义钞五千锭、钱一百五十万、纱罗与绢三百多匹。就连占城这样的小国也曾在朝贡时获得百两黄金、五百两白金的赏赐。

尝到甜头的海外诸国经常得寸进尺，如成化年间日本贡使就"卖惨"，哭诉来时遭遇风暴，损失颇多，希望大明能够给予补偿，语言谦卑之极。明朝政府又给予了包括绢、锦缎和铜钱在内的"慰劳金"。许多贡国经常无视明朝对朝贡次数的限制，常常超数入贡，而明朝政府面对来使也是来者不拒。

洪武二十二年，公元1389年，夜已深，但南京的皇宫中还是烛光摇曳。洪武帝站在一幅巨大的地图之前面露欣喜之色。这张彩绘的绢本地图之上山川河流，地势形貌，边地岛屿异常详细，栩栩如生。地图不仅详细描绘了大明境内的地貌，境外地域也是十分详尽。这幅地图东达日本，西至欧洲，南临爪哇，北至蒙古，甚至

---

[1] 记录明朝史事的著作，王世贞著。

连非洲大陆的版图也绘制了出来！这张地图就是中国历史上绘制的最早的世界地图——《大明混一图》。"混一"意为统一，而在朱元璋的心中，这张地图所要表达的"混一"绝对不单单限于大明的版图之内，他构建的朝贡体系产生了巨大的国际影响力。洪武一朝，朱元璋先后主动派遣使者对周边十二个国家进行访问达三十余次，有十七国累计一百三十五次入明朝贡。

久经战阵的洪武帝深知国际政治波谲云诡，为了维护明帝国的安全，朱元璋将参与朝贡的国家分成了三类。在地理上与中国紧密相连，长期受到中华文化影响的国家，像朝鲜、中南半岛的安南、占城被朱元璋列为朝贡体系内第一等级，明朝凡有封王、科举等重大国事都要遣使昭告三国，而这些国家如果发生重大危机，明朝政府也会不遗余力地给予支持，这一类国家是明朝政府的亲密友邦；第二梯队则是与国不邻但是也遣使朝贡的海外国家，如暹罗、琉球等；第三梯队则是对国家安全构成威胁的国家，典型的代表就是日本，明朝对于第三梯队的国家在外交中始终保持着谨慎甚至是警惕的态度。

进入永乐时期，随着郑和下西洋的开展，标志着明前期的朝贡外交达到了顶峰。

"有其父必有其子"，与明太祖一样，永乐帝发起下西洋的外交活动也有着极为明确的政治目的。经过"靖难之役"而登基称帝的朱棣深知"颁正朔"的重要性，将国威布于四方，可以进一步巩固自己皇权的正统性，而且下西洋也可以为帝国营造和平的政治环境。基于这些目的，明成祖不惜国力开展了大规模的远洋活动。作为一个成熟的政治家，朱棣向来有的放矢，频繁的出使实现了永乐帝"万国来朝"的政治目标。永乐一朝使节来华共三百一十八次，让明朝的国际声誉空前提高。

除了政治意义外，朝贡体系下的朝贡贸易也是郑和舰队对外交往的重要组成部分，郑和远洋将中国的商品与文化传播到异域。郑和舰队每到一个地方都会开展颇具规模的互市活动，如在阿丹[1]，郑和下令"但有珍宝，许其买卖"。明朝政府准备了大量的商品和金属货币与外邦进行贸易，极大促进了外贸活动的发展。由此，明朝政府通过郑和下西洋的活动建立起了一条连接太平洋与

---

[1] 今亚丁湾西北部。

印度洋的海上丝绸之路。

洪武、永乐两位皇帝全力打造的朝贡体系取得了显著的成果，据《明会典》记载，向明朝政府的朝贡方共达一百一十一个。在后来清代修《明史》的过程中，《外国传》《西域传》将西班牙、葡萄牙等国也纳入藩国之列，至此，明朝政府的朝贡方达到一百四十八个。

"海上游击队"

不论是郑和在海外组织的互市，还是贡国入明贸易，在朝贡体系之下的这种商业行为是完全在官方主导下进行的。对于前往中国的使团，明朝政府允许贡国在正贡之外携带相当数量的货物进行贸易，而交易的重要场所就在接待外使的会同馆和各地的市舶司，明朝政府则对这种贸易行为进行征税，并在洪武二十六年，公元1393年，成为定制。但是实际操作过程中，明朝政府为了彰显恩泽常常对贡市税免予征收。这种类似于官方垄断的做法好处在于，如果邦国想得到中国的商品和货币，就必须参与到朝贡体系之内，认可明朝政府的礼治秩序。

在明朝初立时，朱元璋在太仓就设有市舶司，并在这里对贸易实行"抽分"[1]，但由于其位置离京畿太近，洪武帝担心频繁的贸易会带来不安全的因素，进而将市舶司改设在宁波、泉州和广州。在宁波"官设牙行与民贸易"的互市中还有百余名的"牙人"[2]活跃其中。因为文化差异，明朝政府的官员更愿意让这些"牙商"与外国人打交道。明初设立的三个市舶司中，宁波和泉州的市舶司是日本和琉球的"绿色通道"，专门用于接待两国，广州市舶司则负责接待其他国家。

市舶司最初承担了对各国来使的表文、勘合的甄别，接待使团，贡物统计造册，组织官方贸易等职责。在正德年间，广东的市舶司经朝廷批准开始收取贸易税，市舶司重要的经济功能开始显现，逐渐将服务对象由贡使向大量的外商转变。寻求贸易正规化也是外邦希望进入朝贡体系的重要原因之一。虽然立朝伊始明政府就制定了积极的对外交往政策，但是在民间，对外贸易却是另一番景象。

---

[1] 征收商业税。

[2] 经纪人。

洪武四年，公元 1371 年，颁布一系列"禁海令"，严禁海民出海。洪武三十一年，公元 1398 年，明朝政府又先后多次下令禁海。民间的海禁与官方朝贡和对外贸易政策呈矛盾的状态。其实在朱元璋建立政权的吴元年，公元 1367 年时，这位皇帝对民间的海外贸易还没有很大的抵触，就在这年他还接见了以海商朱道山为首的民间贸易集团。洪武二年，公元 1369 年，朱元璋为福建的贸易繁荣而感叹。两年后，明朝对民间全面实行海禁政策的一个重要的原因，是在洪武元年，舟山群岛兰秀山发生的叛乱。叛军攻入象山县，明朝政府投入大量兵力和时间才平息叛乱，但仍有部分叛军逃往朝鲜。

在明朝初立时，东南沿海的张士诚、方国珍等势力的余部依然活跃，凭借着对海洋环境的熟悉，他们可以在大明和外邦间随意"切换"——打得赢就打，打不赢就跑。明朝政府彼时还承受着来自北方旧元廷的威胁，禁海无疑是保障东南安定的首选。明代是我国封建王朝中央集权制的一个新阶段，朱元璋醉心于建立一个高度君主专制化的王朝，所以海禁政策的出台，除了出于国家安全考虑外，也将对外交流和贸易的权力收归中央，这正是封建集权的体现。在这种情况下，从洪武四年到洪武二十三年，朱元璋多次颁布禁海令，到洪武三十年，公元 1397 年，明朝政府以法律明文的形式明确了禁止商民出海。

但历史的进程是不可能因为一纸禁令而停滞不前的。

蝴蝶的翅膀

大明成化十三年，公元 1477 年，福建，月港。

这个在福建漳州东南约二十公里处，九龙江入海口的港湾因为"一水中堑，环绕如偃月"得名"月港"。一天清晨，月港还沐浴在朝霞中，江面波光粼粼，很快来往的船只就打破了清晨的宁静。这些船上有的装满苏木，有的装载象牙，到岸后船夫迅速完成货物装卸。这些物品全部是走私品，货主有的是民间商贾，有的则是朝中权贵。

月港得天独厚的地理位置让其成了明朝海外走私的最佳地点，走私规模逐年递增，到了弘治一朝，"繁忙"的走私贸易已经让月港发展为比拟苏杭的"国际城市"。据《海澄县志·风俗考》记载，彼时月港"方夫趋船风转，宝货塞途，家家歌舞赛神，钟鼓，管弦连奏，响答十方。巨贾竞惊争驰，真是繁华地界。"而这一切仅仅发生在郑和远洋活动停止四十多年之后。尽管有官方主导下的贡市，但因其体量和开市频率不高，无法满足真正的市场需求，也间接催生了走私贸易的发展。譬如永乐初年，明朝政府规定日本"十年一贡，人止二百，船止两艘"，在永乐元年到永乐八年，也就是公元1403年到公元1410年间，日本几乎每年都会派贡使来明，即便这样也远远不能满足日本国内市场需求。因为开市频率较低，有很多日本的民间贸易团体是无法加入国家级的朝贡使团的，从这一方面也可以看出民间对贸易的巨大渴求。贸易的影响已经从政府层面深入到了社会各个阶层。

任何事物都存在两面性，朝贡体系的建立加强了明朝与海外各国之间的联系，进一步增强了以明朝政府为主的对外贸易，而郑和下西洋既是朝贡外交的顶峰，也成了明朝对外政策，特别是贸易政策调整的"催化剂"。由于郑和这位"带货一哥"建立起的海上丝路，让中国商品在国外大受欢迎，反向刺激了国内的手工业特别是民间手工业的发展，质优的中国商品又让民间走私商人赚得盆满钵满，产生了一系列"蝴蝶效应"。

在明帝国的东南内陆，有一条江水横贯徽州盆地，最后汇入杭州湾。这条江在安徽境内被称为新安江，而到了浙东则被赋予了一个极具诗意的名字——富春江。随着这条江水流向全国的，除了有徽州的宣笔、徽墨、宣纸、歙砚之外，还有新安江的商人，其中最为著名的就是盛名在外的"海贼王"——王直。其实不只是安徽，明帝国的东南地区，"七山一水两分田"的地貌让中原的农耕文明很难在这里延续，于是大量的民众将目光投向海洋，他们将国内优质的产品如丝绸、瓷器、铁器等销往外邦，同时进口胡椒、香料等国内奇缺的产品，造成了"比年民往往嗜利亡禁"[1]"骋彼远国，易其产物以归，博利可十倍，故民乐之"[2]的走私贸易的繁盛场面，高额的利润让巨富商贾、官员乡绅甚至是大内宦官也参与到了其中，如广东市舶司太监韦眷、番禺知县高瑶等官员直接参与了走私，千丝万缕的利益裹挟着从地方到中央的各级官员。到了成化年，东南沿海的私人贸易已发展为燎原之势，广东、福建稍有财力的人就建帆出海，

---

[1] 此句出自西汉·司马迁《史记·货殖列传》，意思是：有些百姓往往贪图利益而违反禁令。

[2] 此句出自《汉书·货殖传》，意思是：把他们的土特产拿到远方去卖，利益可以获得十倍，所以百姓也乐意去做生意。

以海洋为阡陌，私贩远洋。走私的兴盛又促进了货币经济的发展，推动民间手工业的持续壮大。

走私经济和手工业的发展，又促生了城市的兴旺与人口的流动——"孤村铸炼"[1]的广东佛山逐渐成为冶铁中心，跻身全国工商业四大名镇，其生产的铁钉、铁锅等手工产品远销海外；弘治年间，福州开始织造绫罗绸缎，打破了苏杭在丝质行业的垄断地位，摇身一变成为繁华之都。

由于民间手工业和对外贸易的迅速发展，更多的匠人流向了民间作坊。成化二十一年，公元1485年，明朝政府开始逐步推行"以银代役"，规定"南匠银九钱、北匠银六钱"即可免除官役。中国古代社会对各行业的人员流动有着严格的限制，而"以银代役"的政策，宽松了对劳动者的限制，让大量的手工匠人向手工业集散地聚集。值得一提的是这时的流动不单单是国内的人口流动，还有人口的外流，这就是早期的"下南洋"。有大批

---

[1] "孤村铸炼"指的是冶铁业初兴时，佛山个别村庄的行为，是佛山冶铁业走向兴旺的起步标志，成为佛山旧八景之一。

的商人、手工业者前往日本、东南亚从事贸易活动和谋求生计，揭开了中国近代"下南洋"移民潮的序幕。随着郑和下西洋的结束和民间贸易的兴起，中央的海禁政策再也无法阻挡时代前进的脚步，明朝政府的海禁政策也发生了变化和调整。

正德三年，公元1508年，由于财政的空虚，明武宗开始允许地方官对民间外贸并进行征税，实际上打开了民间海外贸易的政策大门，放弃了只有朝贡才能开市的限制。照此情况发展下去，明朝的海禁大概率的会逐步取消，但是到了嘉靖一朝却情况突变。

与玩世不恭的明武宗不同，明世宗朱厚熜少年老成。这位十四岁就继承大统的皇帝在初登大宝时就显示出了老辣的政治素养，他很快取得了"大礼议之争"[1]的胜利。朱厚熜对权力有着极强的欲望，开海在朱厚熜的眼中是对皇权的挑战，因此在位期间尽管连宠臣严嵩都上书主张开放对外贸易，朱厚熜也没有答应。

---

[1] 大礼议之争是指发生在正德十六年(1521年)到嘉靖三年(1524年)间的一场关于皇统问题的政治争论。是明世宗以地方藩王入主皇位，为其改换宗嗣、父母的问题所引起的讨论，是明朝历史第二次小宗入大宗的事件。

皇帝也缺钱

嘉靖三十四年，公元 1555 年，南陵县。

城墙之上的官军严阵以待，他们惊恐万分，随着城下的喊杀声越来越近，军官迫不及待地下令放箭。然而不知道是由于太紧张还是敌人距离较远，放出的箭矢几乎没有射中敌人，反而有些敌军还徒手接住了流箭。看到这一幕，守城的兵士们彻底崩溃了，此时城下来犯的敌军是身着异装的日本倭寇。更令人吃惊的是，这股流寇的人数还不足百人。而就是这几十人的倭寇部队，在嘉靖三十四年从浙江绍兴登陆，三月内流窜于浙、皖、苏三省，杀伤明军千人之多。更令人大跌眼镜的是，这股匪徒竟然还突发奇想围攻南京，此举震动京畿。这只是在嘉靖年间东南沿海地区大规模倭乱的一个缩影。在十几年的时间里，倭寇掠府攻县，而承平日久的江南地区很难组织起有效的抗击。

由于倭患猖獗，明朝政府在嘉靖后期收紧了海禁政策，大量海商与葡萄牙人、日本人勾结，进行海上走私贸易。因为没有官方许可，私人贸易存在着极大风险。

除了要逃避明朝政府的稽查之外，各海商集团和国外势力为了利益也经常爆发冲突，因此海商们逐渐开始武装化。高频次的走私难免与政府发生摩擦，然明朝政府海疆年久失防，军队战斗力低下。海盗萧显在一次与官军的对抗中竟然轻易取胜，于是得寸进尺的"率劲倭四百屠南沙，还逼松江"。"摸清底牌"的海商集团开始正面对抗政府，劫掠城镇，葡萄牙人也经常参与到对沿海的劫掠中。不论是沦为海盗的海商还是日本倭寇或是葡萄牙人，其实他们的诉求很简单，就是希望能攫取利益，如果不能通商，便行抢劫之事。

严厉的海禁没有有效保障沿海地区的安全，也失去了贸易的税收，现实的残酷让明朝政府开始反思自己的政策是否正确，朝廷重臣们围绕是否"开海"展开了激烈讨论。虽然有人还是坚持认为海禁正确，但是大部分官僚已经意识到对外贸易的重要性。此时身处早期经济全球化趋势的明帝国之所以还缩紧政策，重要的原因就是世宗皇帝的执拗。随着嘉靖时代的结束，事情很快得到了转机。嘉靖四十五年，公元1567年，明世宗驾崩，穆宗朱载坖继位。这个长期生活在强势家庭中，性格懦弱的皇帝，登基之后展现出了报复性的叛逆，下令"先朝政令不便者，皆以遗诏改之"，嘉靖一朝的海禁得以松绑。

隆庆元年，公元 1567 年，紫禁城。

朱载坖登基后，有一次问户部官员国库还有多少盈余，官员的回答差点把皇帝的下巴惊掉了——国库的备用金仅够紧急状况下维持国家三个月的基础开销。除此之外中央还有三百多万两白银的亏空，就连官员的工资都没有了着落。朱载坖命内阁要想尽一切办法弥补财政赤字。为了逆转财政困局，连在嘉靖时期查抄严嵩府时入库的字画也被贱卖换钱，皇家颜面荡然无存，政府的财政赤字可见一斑。到穆宗时代，大明国祚已经存续一百多年，朱元璋刚刚立朝时，从中央到地方弥漫的那种朴素之风早已荡然无存，取而代之的是奢靡之风。对外贸易带来的高额利润不仅让海商们望眼欲穿，明朝政府也亟需"开源"，以维持各项开支。在一次批阅奏折时，穆宗看到福建巡抚都御史涂泽民的奏章中陈述"请开市舶，易私贩为公贩"的内容时欣然一笑。涂泽民的请求很快被批准。隆庆元年，大明王朝宣布解除海禁，允许民间私人远贩东、西二洋，史称"隆庆开关"。

隆庆开关之后，月港成了官方许可开放的港口，并在之后的贸易中为朝廷征得大量税款，被称为"天子南库"。此时的月港"农贸杂半、走洋如市、朝夕皆海、酬醉皆夷产"，俨然已经成了一座国际化贸易港口。在历史上与汉唐时期福州的甘棠港、宋元时期的泉州后渚港、清代厦门港并称为四大商港。福建龙溪人张燮在《东西洋考》中曰"市舶之设，始于唐宋，大率夷人入市中国，中国而商于夷，未有今日之多者也。"反映出当时中国人像潮水一般出洋经商的盛况，也让我们看到了一个商品经济快速发展的明朝。彼时从菲律宾的马尼拉到巴达维亚[1]，每年都会接待大量的中国海商，在那里，他们与西班牙人、荷兰人贸易。

月港的变迁实际上也是明朝海外贸易政策演变的缩影。从朱元璋制定朝贡与海禁双线的基本政策之后，明朝的对外政策在百年中发生了一系列的调整和变化，也正是这一系列的变化，让明朝能够拥抱世界。

---

[1] 今雅加达。

被遗忘的大陆

让我们暂时离开明帝国繁忙的海上贸易线，前往西部腹地的哈密卫。成化十九年，公元1483年，大批的商队和异域使团在这里聚集，这些人临时驻扎的营地中最引人瞩目的不是一峰峰骆驼和充满异域色彩的葡萄干、毛皮等特产，而是只巨大的铁笼，在这个铁笼中有一只狮子正在假寐。一个经过的商人随手拿起马鞭抽向铁笼，想找点乐子，狮子突然跃起，发出震彻山谷的嘶吼，吓得商人一个趔趄险些摔倒，引得众人哄堂大笑。在这个营地中驻扎的是来自撒马尔罕[1]的使团和商队，他们在这里集结，短暂的休整之后就将通过嘉峪关前往明帝国的首都——北京，而铁笼中的狮子则是他们带给明朝皇帝的贡物。

我国历史上的嘉峪关是一道神奇的"时空之门"，据《明会典》记载："肃州西七十里，为嘉峪关。嘉峪关外，

---

[1] 今乌兹别克斯坦大二大城市。

并称西域。"嘉峪关向东是唐诗汉赋与庄周梦蝶；而向西，则是大漠苍铃、楼兰旖梦。在明代这扇连接不同地域的大门也未关闭，明朝中前期，中原与西域地区的交流非常频繁。

与沿海地区的对外交往原则一致，明朝与西域诸国的交联也是意在建立"宗主国"的基础上的。相对海洋国家来说，地处内陆的西域诸国在经济上更加依赖中原。西域向关内输入的货品一般有马匹、骆驼、珍奇异兽和毛皮松石，而明朝政府则通过封贡或互市向西域输出丝绸、瓷器、茶叶、金属货币以及大量铁器和手工业制品，一旦外藩做出有违贡制的行为，明朝常常会以绝贡闭市来对外藩进行政治和经济的双重制裁。弘治到嘉靖时代，西域各国仍然保持着较高的入明朝贡频率——哈密入贡十九次、吐鲁番二十四次、撒马尔罕十六次、天方十三次。

明代的路上丝绸之路从永乐时期开始兴盛，持续到嘉靖时期，在宣德年间郑和停止下西洋活动后还出现过小高潮，但是万历之后开始衰落。时间进入 15 世纪，随着全球大航海时代的来临，人类的交通方式有由陆路转向海陆的趋势，更多的历史进程由航海推动。

早期的经济全球化和明代发达的商品经济让白银在中国成了主要的流通货币。地理大发现已经将中国与世界紧密捆绑在了一起。葡萄牙人以印度为跳板占领了亚洲航运中心马六甲；西班牙人则以菲律宾为中心将美洲的白银源源不断地输送到亚洲；海上马车夫荷兰人以巴达维亚为基地，拓展其在亚洲的影响力，而大明王朝则通过朝贡体系和民间贸易与西方世界建立起了千丝万缕的联系。

　　传教士、商人、雇佣兵，各色人等纷纷远渡重洋来到了他们望眼欲穿的东方国度，除了马尼拉大帆船带来的白银、火枪、番薯，《几何原本》也流入中国；另一方面，欧洲的帆船运回了丝绸和瓷器，也将孔孟之道带回了西方。中国东南地区和中国南海成了世界上最繁忙的贸易枢纽，在这里的航道上，每年都会有运载着无数财富的各国舰船穿梭不息，而大明王朝作为彼时世界上的头号帝国，如同一颗耀眼的明珠矗立在世界东方，在躁动的海洋上与西方文明碰撞出了绚烂的火花。明朝主动地探索着世界，在早期的对外交流中，郑和下西洋无疑是最为瑰丽的奇葩。

第二节
东方的大航海时代——郑和下西洋

郑和下西洋是朝贡外交的顶峰之作，明朝政府的超级舰队不但配备火炮，还有先进的六分仪引航。他们在太平洋建立了基地，书写了充满传奇色彩的东方版"大航海时代"。

最佳人选

永乐五年，公元 1407 年，苏门答腊岛。

深夜的西太平洋广袤深邃，浪涛声有节奏地拍打着海岸。海面上十几艘舰船在黑暗中缓慢向远处的港口行驶，船上的士兵凶神恶煞地遥望着港内停泊的巨大帆船，这时港内的大船突然升起一盏灯笼，以大船为中心，周边停泊的船只全部亮灯，刹那间，海面如同白昼，紧接着响起了震耳欲聋的爆炸声。只见港口内所有停泊的船只纷纷喷出火舌，之前试图靠近港口的船队立刻遭到了来自四面八方的炮火攻击，十余艘木质的舰船瞬间支离破碎，海面上满是断木与残帆。剩下的舰船惊慌逃窜，却被大船上投来的"燃烧弹"烧毁，试图偷袭港口的舰队很快全军覆没。这支舰队是臭名昭著的渤林邦国[1]国王陈祖义的武装部队。祖籍广东的陈祖义名为国王，实际是恶贯满盈的海上巨盗，而此夜他要偷袭的目标就是远下西洋的郑和舰队。陈祖义本人在此次战斗中被擒，长期荼毒东南亚的海盗集团被肃清，郑和的战绩受到了东南亚各国的称赞。

时间回到永乐三年，公元1405年，刘家港[2]。一阵连珠炮轰鸣之后，在两岸海啸般的欢呼声中，江面一艘艘巨舰缓缓驶向大海，远远望去白帆掩映，遮天蔽日，颇为壮观。在一艘巨舰的船楼上，一人执剑挺立，目光如炬，这位英气逼人的指挥官就是郑和。郑和原本姓马，

---

[1] 今印度尼西亚巨港附近。
[2] 今江苏省太仓市。

小时候，他的父亲经常会给他讲述自己通过海路前往麦加的经历，这让郑和从小就对大海充满了向往。后来他被送进朱棣的燕王府，在这里聪明勤快的郑和得到了朱棣的赏识，成为他的贴身侍从。得益于燕王府良好的教育环境，郑和的文化修养飞速提升。郑和虽然是宦官，但仪表堂堂、健硕伟岸，而且他还具备过人的勇气和优秀的军事才能。

建文元年，公元1399年，靖难之役中重要的郑村坝之战陷入僵局，郑和主动请缨，亲率敢死队突击李景隆的军队，大败敌军。此战后，朱棣的军事集团逐渐掌握了战争的主动权。因为郑和在郑村坝战役中的英勇表现，朱棣登基后赐姓"郑"，从此改名郑和。

持续四年的靖难之役以朱棣的胜利结束，永乐王朝上线。但朱棣心中很是不安，原来在朱棣挥师南京之日，并没有俘获建文帝。相传建文帝在城破之时装扮成僧人潜出皇宫，远遁海外，无奈之下朱棣只能对外宣称建文帝死于战火之中。然而建文帝究竟身处何方，朱棣内心也存着一个大大的问号。在朱元璋众多的子嗣中，朱棣是很出色的，他雄才大略，长期镇守北京又屡立战功。据《太宗实录》记载，在太子朱标死后，面对自己一众不争气的儿子，朱元璋曾一度询问近臣是否可立燕王为太子，最后大学士刘三吾等人认为此举违礼法，朱元璋这才打消了易储的念头[1]。皇权的正统性在封建社会至关重要，武力夺权的朱棣亟需在国内外取得对其政权正统性的认可。永乐年间，明帝国商贸逐渐繁荣，手工业与造船业快速发展，以官方主导的贸易"通西南海道朝贡"也成为现实需求。因此一个伟大的"下西洋"计划在朱棣心中逐渐萌发。如此重大的行动，谁能担此重任呢？思前想后，相貌堂堂，又是自己贴身近臣的郑和进入了朱棣的视野。据传在出行前，朱棣还特意询问身边的术士袁忠彻，郑和是否能够委以重任，袁答曰："三保[2]姿貌才智，内侍中无与比者。臣观其气色，诚可任。"这让朱棣更加坚定地将下西洋的重任交到了郑和肩上。

郑和下西洋的航海活动从首次航行到结束，历时二十八年，共七次，舰队一路远航至西太平洋和印度洋，拜访了爪哇、苏门答腊、古里[3]、暹罗、忽鲁谟斯[4]、

---

[1] 朱棣夺取政权后，曾三次重修《太祖实录》，以增加自己称帝的合法性。此记载便有可能是朱棣三次重修《太祖实录》后的产物。

[2] 郑和。

[3] 今印度西南部喀拉拉邦的科泽科德一带。

[4] 今伊朗东南部。

木骨都束[1]等三十多个国家和地区。在明朝初期，人们仍然认为中国是世界的中心，以首都北京为中心，世界被划分为东西二洋。西洋包括交趾、占城、暹罗、旧港等国家和地区，范围大概是今天的西太平洋、东印度洋地区。

郑和舰队航线最远到达非洲东海岸与红海地区。郑和下西洋是当时世界规模最大的海上探险活动，比欧洲迪亚士、达伽马等航海家的远航探险早了半个多世纪。不仅如此，郑和舰队的规模和装备也是世界一流。

装备精良

公元1497年7月，里斯本。

骑士团的神父们手捧蜡烛，在海边吟唱祈祷。随后岸边的"圣加百列"号帆船将王旗高高升起，由克拉克船为旗舰的达伽马舰队缓缓地驶向了大海，开启了前往印度的远洋航行。葡萄牙王室为了此次航行可谓倾其所

---

[1] 今非洲东岸索马里的摩加迪沙一带。

有，为达伽马提供了四艘帆船和一百四十位葡萄牙最好的水手，葡萄酒、面粉、腌肉等物资可供舰队使用三年。武器方面，舰队装备了射石炮和回旋炮。尽管这个时候距离郑和下西洋的第一次航行已经快一个世纪了，但欧洲皇室倾力打造的豪华舰队在郑和的舰队面前简直仍不值一提。

达伽马舰队的旗舰圣加百列号长约三十米，排水量在一百二十吨左右。据《明史》记载，郑和乘坐的大型"宝船"长约一百三十八米，宽约五十六米，排水量千余吨。舰队中常见的"宝船"尺寸也有约六十米，宽十三米。每次远航郑和舰队会由大大小小百余艘舰船组成"超级舰队"进行远航。舰队有宝船、马船、补给船等船只。马船轻快用于联络，补给船由粮船与水船组成。不但船只数量众多，郑和舰队的火力也是异常凶猛，装备了大量的火铳[1]与火炮，这类火器的口径在十厘米到二十厘米，射程在一百米到五百米不等，每艘主力战舰大概有六十至一百件此类火器。舰队还会配置了火攻箭、火蒺

---

[1] 火枪。

藜之类的投掷型火器，明军甚至发明了"水鬼战法"——派出水性极好的水手用密封的火药潜入敌方的舰船底部炸沉敌船。如此规模的武装舰队成了那个时代当之无愧的"海上巨无霸"。

国际交往是以国家实力为后盾的，郑和远航途中在爪哇国、锡兰山国[1]都遇到过险情，但每次郑和都能凭借强大的武装力量和得当的战术化险为夷。在锡兰山国，郑和还被扣为人质，索要赎金，而他却从容地指挥军队进行反击，不但脱离险境，更将生性阴狠，经常欺压周边国家和过往商旅的国王阿烈苦奈儿赶下了王位，维护了地区安全与和平。

相比起达伽马舰队一百四十余船员的体量，郑和舰队出航，随行人数几乎都在两万人以上，舰队成员包括都指挥使、千户、百户、士兵、水手等，就连医官人数都在百人以上。如此庞大的舰队和众多的人员在茫茫大海之上是如何辨别航向的呢？

明宪宗时期，兵部尚书项忠差点没被气死。他派人

---

[1] 今斯里兰卡。

在兵部的档案库中寻找郑和下西洋时的航海图居然没有找到，如此重要的军事档案竟然在"国防部"不翼而飞，让明宪宗本来想重启的下西洋项目只能作罢，而航海图正是郑和舰队能够完成伟大远航的重要保障之一。可惜郑和航海图原本已经遗失，我们现在所见的郑和海图是《武备志》中茅元仪编录的——《自宝船厂开船从龙江关出水直抵外国诸番图》，它是中国最早的针路海图。什么是针路海图？就是航海时用罗盘指针方向确定的航行线路图。当时郑和船队装备了一种指南浮针，浮针周围有二十四个方位，是一种既能指示方向，又能确定方位的罗盘。《武备志》中的郑和海图收录地名五百多个，其中外国地名约占一半以上。海图上明确标注了航行的针路[1]与更数[2]，图中沿岸的地形地貌形象生动，并且为南海海域的西沙、南沙、东沙和中沙群岛做出了明确的命名。在这份海图中还记录着重要的内容——过洋牵星，解密了郑和舰队是如何在茫茫大洋中导航的。原来航行中导航人员会采用牵星板测量所在地的星辰高度，然后

[1] 航向。
[1] 航程。

计算出该处的地理纬度，以此测定船只的具体航向。牵星板是测量星体距水平线高度的仪器，类似于欧洲人18世纪使用的六分仪，在横渡印度洋时，郑和舰队正是借助牵星板为舰队指引正确航向的。

郑和下西洋的必经之地就是东南亚地区，得益于大自然的馈赠——印度洋季风和南海信风，让东南亚这片海域在无动力帆船时代成了西太平洋和东印度洋最为理想的贸易中转站。公元14—15世纪，岛屿星罗棋布的东南亚出现了一个领土面积达一百多万平方公里的王朝——麻喏巴歇王朝，繁荣的贸易让这片领土上诞生了众多的商贸城市，旧港就是其中一个。

旧港位于现苏门答腊岛南部，这里气候宜人，能"一季种谷，三季收稻"，同时该地还盛产香料。除了丰富的自然资源之外，便利的交通让旧港成了东南亚重要的贸易中心，来自世界各地的商品在这里交易。

元末中国政局动荡，大量的中国人来到旧港谋生，最终定居在这里。华人成了该地区重要的势力，来自中国广东的施进卿成了该地区的实际控制者。永乐年间，在旧港的华人已达数万，扼守马六甲海峡。而在此地的另一股势力就是本章开头出现的渤林邦国国王陈祖义。

当郑和舰队来到旧港后，施进卿洞悉局势，深明大义，协助郑和剿灭了陈祖义。鉴于旧港的重要位置和华人在当地的势力，永乐五年，公元1407年，明朝政府设立旧港宣慰司，任命施进卿为旧港宣慰司使，大明的行政机构出现在了千里之外的大洋之上。旧港也成了郑和远洋路线上重要的补给站和朝贡贸易中心。

"永乐盛世"与"带货一哥"

永乐十五年，公元1417年，朱棣心情大好，因为这一年明朝政府迎来了由苏禄国三王[1]组成的三百多人的大型朝贡使团。除了向大明郑重递交了金缕表文之外，还给朱棣送上了珍珠、玳瑁等礼物。而明朝政府也根据朝贡规制回赐了众多宝物，这其中包括了印诰、袭衣、冠带、鞍马、仪仗器物等。在苏禄使团回国时，明朝政府又赏赐了玉带、黄金、罗锦等硬通货。也许是过度兴奋加上水土不服的原因，苏禄国使团回程途中，东王巴

---

[1] 东王巴都葛叭哈喇、西王麻哈喇葛麻丁、峒王巴都葛叭喇卜。

都葛叭哈喇一病不起，长眠于大明。东王二子安都禄、三子温哈喇在为父亲守孝三年之后干脆选择了"移民"，留在了中国。

苏禄国在明代是以菲律宾苏禄群岛为中心的一个酋长国。这个远在海外的国家之所以千里迢迢来到大明朝贡，正是对郑和使团访问苏禄的回应。郑和下西洋的壮举让以明朝为中心的朝贡体系不断扩大，郑和舰队在第五次远航回国时，同行的还有十七个国家和地区的贡使。永乐二十一年，公元1423年，更是出现了忽鲁谟斯、古里[1]、锡兰山[2]、满剌加[3]等来自阿拉伯半岛、印度次大陆、东南亚等不同地区的十六国派遣超过千余人进入中国朝贡的盛况。永乐一朝共有来华使节三百一十八次，明朝的国际声誉空前提高。郑和下西洋是明初中国主动外交的重要事件，频繁的出使实现了朱棣"万国来朝"的政治目标，是永乐盛世的重要体现之一。

从永乐三年开始的近三十年的海上航行，除了积极

---

[1] 今印度西南部喀拉拉邦的科泽科德一带的古代王国。

[2] 今斯里兰卡。

[3] 今马六甲。

主动扩大朝贡体系，朝贡贸易也是其重要组成部分。舰队所到之处也将中国的商品与文化传播到异域大洋，极大促进了外贸活动的发展。

郑和的船队每到一个地方往往都会开展颇具规模的互市活动，如在阿丹[1]，郑和下令"但有珍宝，许其买卖"。历史上，希腊地理学家曾给中国冠以一个优美的名字——赛里斯（Seres），意为丝绸产地。同样中国的丝绸、瓷器成了风靡异邦的时尚产品和"硬通货"，在一些地方甚至可以直接兑换金银。对于郑和和"中国货"的到来，当地居民往往是"多欢声，争相迎"。郑和带来的商贸活动毫无疑问给中国商品打通了渠道，做足了宣传，当时海外各国"必资华物""慕贡犹农望岁"。郑和下西洋还会准备大量的金属货币如铜钱来进行与外邦的贸易，而外邦也亟需这些贵金属。"中国钱"在东亚、南亚一度成为国际货币。

郑和船队贸易交换的商品和货币极大地满足了明朝与外邦各国的官方与民间需求，建立起了一条连接太平

---

[1] 今亚丁湾西北部。

洋与印度洋的海上丝绸之路。而中国人成了新航路的主角，就连埃及史料也记载了郑和船队前往当时埃及马穆鲁克王朝进行贸易的史实。

反垄断

郑和船队总共七下西洋，历永乐、宣德两朝，总航程十几万公里，开辟航线四十多条。其中从印度至阿拉伯半岛再到非洲东海岸的航线让中国的海上丝绸之路延伸到了遥远的非洲。郑和航线途径的占城、满剌加、古里、阿丹等重要地点都成了亚太地区国际贸易的重要中心，郑和还会在当地聘请"顾问"协助舰队进行访问与贸易。舰队远洋的获利也十分可观，如在苏门答腊每一百斤胡椒大约价值一两，明朝政府以二十倍价格收购，这种特殊的调料进入中国市场之后贵如黄金，依旧可以获得十几倍以上的利润。从永乐朝开始，因为多年远洋，皇室内府囤积了大量的胡椒、苏木等东南亚特产，明朝政府发放这些稀有物品充当官员的一部分俸禄，这些物品因此也流向了民间市场。郑和下西洋的活动通过朝贡贸易为中央财政获取了不少财富，英宗时期曾有内官"抱怨"因为停止了下西洋的活动，导致内府收入严重下降。可见郑和的远洋活动除了政治目的之外，朝贡贸易也是重要的任务之一。而之所以每次航行都要兴师动众，还有一个重要原因就是要"布国威于海外"，保障明朝政府在朝贡体系内的权威地位。

但朝贡贸易主要的收益者为皇室，每次舰队归来，大量的珍奇异宝都被朝廷囤积居奇，而官僚集团却没有得到"油水"。另一方面郑和主导的官方贸易也激活了民间贸易，随着地理大发现时代的到来，民间的商业资本方兴未艾，新航路的开辟和白银货币的兴起让私人走私贸易蓬勃发展，很多官员也参与其中。相对于郑和远洋这样的"官方垄断"的国际贸易来说，官僚们更愿意参与到民间贸易中，成化年间刘大夏言下西洋"费钱粮数十万，军民死且万计，纵得奇宝而回，于国家何益"，这里刘大夏或有忧国忧民之意，但更多的官员心中也许会出现一句"于己何益"吧。因此，在官僚集团的一再反对之下，加之宣德朝以后明朝政府出现了严重的财政危机和边疆危机，郑和下西洋的活动被叫停。

不管郑和下西洋的活动出于什么目的，又是因为怎样的背景被叫停，这项规模庞大的远洋探险活动在人类航海史上都具有举足轻重的历史意义，拉开了中国向近代转变的序幕。郑和下西洋活动打开了国外贸易市场，传播了中国文化，刺激了国内手工业与私人贸易的发展，扩大了亚非各地区的经济文化交流，也掀起中国早期的移民潮。更为重要的是，虽然在对亚洲以外地区的接触中，明朝政府一直采取保守的态度，但是随着新航路的开辟，欧洲的国家却可以通过与朝贡体系内的国家联系间接取得与明朝政府的交流，让中国逐渐嗅到了世界变革的讯息。

第三节
"小中华"——朝鲜与中华文明的交融

习中华俗、行中华法,在东亚的半岛上,一个国家奉明朝为尊,自诩"小中华"。朝鲜半岛深受中华文明影响,在明朝更是成了中华文明的"死忠粉"。

"小中华"

万历十九年,公元1591年,日本,大阪城。

金碧辉煌的宫殿内朝鲜使者看着面前案几上的浊酒,满脸阴愠,许久之后一个"面色皱黑,如猱玃状"[1]的男人才缓缓而出,落座主位。但此人与朝鲜使者并无过

---

[1] 像猿猴一样。

多寒暄，期间他怀抱婴孩逗乐，不幸被怀中小儿尿湿了衣服，这场国家级别的外交活动就在如此诡诞的气氛中草草结束。此次宴会上"如猱玃状"的男人就是历史上曾经统一日本的丰臣秀吉，而相比国宴上的种种状况接下来发生的事就不是令朝鲜人尴尬那么简单了。在朝鲜使臣准备回国之时，丰臣秀吉命人向使臣递上国书，其中明确表示要"征服"明朝，同时希望能够假道朝鲜，这直接惊掉了朝鲜人的下巴，但就是这么明晰的意图，在朝鲜国内却传递出两种截然不同的讯息。出使日本的朝鲜使者黄允吉向朝鲜宣祖李昖表示近期"必有兵祸"，而另一位使者金诚一则表示情况没有那么严重，就连对丰臣秀吉的评价两人也是大相径庭。造成这种情况的原因并不是两位使者对日本态度的理解有问题，能够代表一国出使怎么可能有如此低的智商？其根本原因在于彼时朝鲜国内政局已经出现了明显的党争，面对如此重大的国事两人截然相反的汇报纯属在"较劲"。

彼时朝鲜政坛士林派、勋旧派你方唱罢我登场，而且朝鲜的政权交替出现了巨大危机，宣祖李昖迟迟没有确立长子临海君的储君地位，这一幕简直就是同时期明朝国内政局的复刻。其时的大明王朝正上演着历史上著名的"国本之争"，相比性情忠厚的皇长子朱常洛明神宗更加偏爱皇三子朱常洵，所以万历一朝迟迟没有册立太子，神宗一度还想立朱常洵为太子。在正统儒家的政治体系里，太子乃国之根本，废长立幼是历朝历代士大夫最不能接受的，两国可以说几乎在同一时间段上演了精彩的"对手戏"。出现这种情况是历史的巧合还是另有原因呢？

让坐标定位到北纬37°33′，东经126°58′，这里是韩国的首都——首尔。这个位于汉江下游的城市沿着平缓的河谷南北展开，四周被低山和丘陵所环绕。公元1394年，朝鲜国王李成桂迁都到这里，将这座城市定为了朝鲜王国的首都。在首尔钟路区社稷路坐落着朝鲜王宫——景福宫。景福宫始建于公元1395年，王宫名字来源于中国典籍《诗经》中"君子万年，介尔景福"一句。景福宫最大的特点是所有建筑色调均以丹青为主，是韩国五大宫之首，其余四座宫殿是昌德宫、昌庆宫、庆熙宫和德寿宫。

接下来让我们移步向东约一公里外的昌德宫的后苑，有一处历史遗址"大报坛"。公元1704年，甲申年，刚好为明朝灭亡六十年。这一年朝鲜肃宗李焞触景生情，回想起壬辰战争时明朝对朝鲜的复国之恩，提出为明神宗建庙进行祭祀，而这种祭祀成了之后朝鲜王朝最为重要的祭祀活动。公元1725年，朝鲜英祖李昑继位，将原先只是祭祀明神宗一人的大报坛祭祀活动改为对明太祖、明思宗和明神宗三位皇帝同时祭祀，而此时距离明朝灭亡已有八十年之久。

看到这里，想必大家就能感受到明朝在朝鲜的影响力了，四五百年前朝鲜李氏王朝以拥有大明这样文明且强盛的"宗主国"为荣。那时候朝鲜启蒙教育的重要书籍《童蒙先习》主要教授的就是儒家思想，中国史也是他们教育中的重要内容，朝鲜甚至自豪的称自己国家为"小中华"，《童蒙先习》中有这样的记载："风俗之美拟中华，华人称之为小中华"。那个时候的朝鲜人认为亚洲的国际秩序是以明为中心的朝贡体系，没有被大明列为贡国的国家被视为"化外之地"，朝鲜在遇到汉化程度不高的国家时常常感到"不适应"。历史上商纣王的叔叔，商朝的太师箕子曾经在朝鲜半岛上建立起了朝鲜半岛历史上第一个王朝——箕子朝鲜[1]。《尚书大传》中记录了周武王封箕子于朝鲜之地，而这段历史也被朝鲜极为看重，被认为是"小中华"提法的重要依据。

---

[1] 约公元前1120年到公元前194年。

名正言顺

明洪武二十五年，公元1392年，北京，紫禁城。

朱元璋双眉紧锁，眼睛注视着御案之上的一份奏章，奏章里面"和宁"和"朝鲜"两个词最为引人注目，这是朝鲜开国君主李成桂拟定的两个国号，特请明朝定夺册封。经过短暂的思量之后，朱元璋御笔一挥，在奏章之上画了个圈，圈内赫然写着"朝鲜"两个字。不久之后大明礼部回复前来觐见请赐国号的朝鲜官员："东夷之号，惟朝鲜之称美，且其来远，可以本其名而祖之。体天牧民，永昌后嗣。"朱元璋的册封，让朝鲜人对于明朝的宗主国地位有了更深刻的认识。在思想上，朝鲜更是将朱子理学作为治国的指导思想，朱熹的学说在朝鲜发扬光大，甚至形成了具有朝鲜特色的理学体系。

至元二十六年，公元1289年，一支从朝鲜王京出发的队伍行进在辽东大地上，这支队伍服色鲜明，依仗威武，规制颇高。在队伍中除了有手持兵刃的护卫军之外，还有不少文官，他们一路走来，将旅途的所见所闻、风土民俗、地理状貌甚至餐饮开销都详细记录下来，在前往元大都路过长城的时候，一行人被这雄伟的建筑所震撼，其中一位文官不由赋诗一首："粉堞纵横万里平，居民赖此得安生。当时若数秦皇罪，只在焚坑不在城。"次年，他随着朝鲜访问团回国时，带回了理学家朱熹经典文章的手抄稿——《朱子全书》。他在朝鲜开馆办学，朱子理学开始在朝鲜半岛发扬光大，而这位文官就是被誉为朝鲜"理学之宗"的安珦。朝鲜太祖李成桂在建国之后，更是将儒家经典朱子理学作为政治纲领，同时，君臣仪礼、三纲五常也成了朝鲜儒士们所遵循的行为道德标准。

朝鲜在立国之初对明朝就极为亲近，多次出使明朝的朝鲜开国重臣权近曾作诗曰："东国方多难，吾王功乃成；抚民修惠政，事大尽忠诚。赐号承天宠，迁居作邑城；愿言修职贡，万世奉皇明。"以此来表明朝鲜的"事大"原则，而这种极富中国文化底蕴的"诗赋外交"也赢得了明朝的好感。前面我们说到的箕子朝鲜，虽然在今天仍未有确凿的证据证明其存在，但是在当时朝鲜，是将其视为"小中华"源流的开端。朝鲜士大夫们认为是箕子将茹毛饮血的朝鲜带入了中华文明的"高速公路"，这也是朝鲜解释自己"东方慕华"是"天性"的原因。被朝鲜史学家称为"王朝设计者"的开国元勋郑道传还将明太祖比作周武王，将朝鲜太祖李成桂比作箕子。他认为朱元璋赐予朝鲜国号，与周武王册封箕子如出一辙。

虽然被称为"王朝设计者"，但是郑道传的理想"宰相主政"最终还是输给了王权，他的这个理想不但为自己招来了杀身之祸，也改变了朝鲜的历史。

公元1398年，景福宫外，李成桂的五子李芳远紧盯着远方黑夜中的宫室，无奈地哀叹了一声，道出一句"势不得已"。随后率领铁骑将郑道传等大臣诛杀，并劝谏李成桂改立李芳果为世子。两年之后，朝鲜定宗李芳果让位于李芳远，历史上著名的朝鲜太宗"上线"。

深感王权受到掣肘的李芳远主政后马上效仿明朝官僚机构规制建立了朝鲜王朝"六曹直启制"，六曹长官判书直接对国王负责，由此强化了王权。官职参照明朝官制分为九品，正一品至正三品堂上称为堂上官，官服也仿照明朝式样制作。李芳远大力推崇儒术，印制了《十七史》《大学衍义》等书。朝鲜王朝"祖制"被逐步确立下来，为李氏王朝的统治奠定了基础。同时代的明朝政府正值永乐王朝，李芳远"上位"的经历和永乐大帝十分相似，朱棣也对这位朝鲜王有着莫名的好感。朱棣在南京称帝时，李芳远第一时间就发来了"贺电"，而永乐大帝也是毫不吝惜地回赐金印、冕服，大明和朝鲜关系在这一时期达到了蜜月期，并且一心向明的主政思想被朝鲜君主延续了下来。

"事大"与"报恩"

明正统八年，公元1443年，一天午后朝鲜世宗李祹正在大殿内沉思，突然他的注意力被门楔射入屋内的阳光所吸引，一心想创制文字的李祹突然有了灵感。不久之后，他集合大臣，集朝堂的智慧，融合他的想法，创制出了谚文，朝鲜半岛诞生了自己国家的文字。朝鲜世宗通过门楔创造文字的故事是真是假并不重要，重要的是他作为朝鲜历史上被誉为"海东尧舜"的一代圣君，为朝鲜半岛的"文治"做出了巨大贡献。如果说朝鲜太祖李成桂将儒家经典确定为立国之本的话，那么李祹则使得儒家经典在朝鲜半岛的广泛传播变得可能，他将朝鲜彻底铸就成了儒教国家。

这样一位朝鲜明君，其继位过程却让人大跌眼镜。当时，世子李禔慵懒成性，沉迷酒色，这让朝鲜太宗李芳远十分震怒，并决定更换世子。而如此重要的决定，以吏曹判书李原等为主的大臣居然主张以占卜的方式来选世子，而一世英名的李芳远居然同意了大臣们的建议。如果按照这个走向发展下去的话，朝鲜的历史可能就要改写了，但好在最后时刻，李芳远决定"立贤"，聪慧好学的李祹才被确立为新的世子。

李祹上位后，首先下令大量铸造活字，用于印刷四书五经在内的儒家经典书籍。与此同时，李祹重建朝鲜的高级治学机构"集贤殿"，甄选名仕大儒修书研学。公元1428年，在朝鲜发生了一起弑父事件，李祹认为儒家思想不能只在士大夫阶层传播，将"孝""悌"等儒家观念推广到民间同样重要。因此他命令集贤殿搜集朝鲜历史上的忠孝史籍编撰新书在民间传化礼仪，几年之后《三纲行实图》呈现在了世宗面前。这本书成了朝鲜时代开化国民传播最广泛的书籍，图文并茂，通俗易懂，让"忠""孝""烈"成了朝鲜的社会行为准则。这本书的影响力甚至超出了朝鲜国内，传到了日本。除此之外，李祹还下令编撰了《新纂经济续六典》《五礼仪注》等书籍，为儒教提供了法律基础，规范了朝鲜的礼制。

儒家礼制经过朝鲜世宗一朝的努力，在朝鲜全国得到推广，而"恪勤事大之礼，深被字小之恩"的宗藩关系也成了两国交往的主旋律。随着两国的交往日益密切，朝鲜在国体、法制、历法、民俗方面处处效仿明朝，在礼仪服饰上，朝鲜王朝也是力求仿制中华衣冠。《明史》中记载："朝鲜在明虽称属国，而无异域内。"19世纪朝鲜史家吴庆元父子编撰的《小华外史》中也描述到："虽称属国，而无异域内，锡赉便藩，殆不胜书。"

万历二十年，公元1592年，朝鲜釜山被浓厚的大雾所笼罩，当天伴随大雾来袭的还有上百艘战船。庞大的舰队靠岸后，不计其数的日本士兵开始登陆，这年是中国传统干支纪年中的壬辰年，在这年爆发的日本入侵朝鲜的战争也被称为"壬辰战争"。这场战争不但对参战的日本、朝鲜、大明三国影响重大，还将一个人推向了历史的舞台，他就是朝鲜第十五任君主"光海君"李珲。这位君主在朝鲜历史上是一个极为特殊的存在，他在壬辰战争中临危受命，将朝鲜从几乎灭国的危局扭转了过来。虽然他在位长达十五年，但是因被废位而无庙号、谥号，究其原因，主要是因为他非嫡长子的身份，这让光海君的统治一直萦绕着一层雾霾。作为奉行"事大原则"的朝鲜，在王位的继承上必须得到明朝的认同，朝鲜的君主、世子要取得正统的法理性必须经过明朝的册封。在战争期间，朝鲜派使臣请求册封李珲为世子，而明朝礼部遵循"主器必长子"的儒家纲常多次阻止对其册封。十几年后，李珲的父亲朝鲜宣祖李昖去世，明朝政府才表示"事在夷邦，姑从其便"，勉强承认了光海君的地位。光海君在位时，与后金政权态度暧昧，这遭到了朝鲜廷臣的普遍反对，最后被废下台。朝鲜国王去世后，需要明朝赐谥号，虽然李珲在位时于国多有建树，但他因为被废而没有得到谥号，令人唏嘘。

日本入侵朝鲜的壬辰战争开始仅仅三个月就使朝鲜"八道尽失"，处于亡国危境。此时明朝政府派出援军进入朝鲜，历经七年时间帮助朝鲜王室复国。正是由于这场战争，让朝鲜对明朝政府的感情从"仰慕"上升到了"感恩"。

早在朝鲜太宗七年，公元 1407 年，朝鲜就在汉城敦义门外建造新馆，命名为"慕华楼"，意在"仰慕中华"。朝鲜世宗十二年，公元 1430 年，进行扩建，改称"慕华馆"，其重要的功能就是迎接中国使臣。朝鲜奉行的"事大"原则脱胎于儒家理念，原本是小国在大国林立的复杂环境中的自保之道，但是朝鲜的"事大主义"是从思想和文化上都皈依中华的特殊案例。特别是壬辰战争后，这种慕华情怀更是转变为一种对明朝的感恩之心。后来，朝鲜更是将明朝对朝鲜的帮助总结为三大恩：一是"大造之恩"，即李成桂夺权时大明承认了其政权、并赐予国号，将朝鲜纳入朝贡体系；第二个恩情就是"再造之恩"，即大明"前后二十三万人，出白金五百八十三万，运饷费三百余万以给军，凡七年，然后乃定"，帮助朝鲜击溃丰臣秀吉，帮助李氏王朝复国；三是"东援之恩"。

朝鲜王朝不仅对明朝君王怀有感恩之心，还建立了宣武祠和武烈祠来纪念杨镐、李如松等明朝文臣武将。在明朝灭亡的很长一段时间后，朝鲜依旧奉明朝为正朔，依旧采用明朝纪年。朝鲜对明朝的崇慕与感恩贯穿于整个社会阶层，在民间很多地方还将关羽视为神明，建立寺庙祭祀。

从李成桂的以儒治国开始，中华文化和遵明的思想就开始深入到朝鲜社会的各个阶层，构筑了从思想到文化认同的纽带。而朝鲜的"事大"原则也成了明朝构筑的朝贡体系中最具代表性的典范。朝鲜对中华文化的尊崇，从来不是贬低自己，甚至其认为自己就是中华文化的代表，是一个小体量的分支，这与日本长年学习中华文化但却时刻保持自己的特点有着明显的区别。

第四节

剪不断，理还乱——明朝与日本的博弈

争贡之役、东南倭乱、壬辰战争，明代时，日本与中国的交往总是擦枪带火，对抗和贸易是永恒的主题。

火并

嘉靖二年，公元1523年，宁波市舶司嘉宾堂一片狼藉，惨不忍睹。屋内随处可见尸体，偶有未死之人发出轻微而痛苦的呻吟。当天明朝政府在这里设宴欢迎日本使团，谁曾想到竟上演起"全武行"。日本使团成员宗设、谦道砍杀了同为贡使的细川氏成员鸳冈瑞佐，并血洗了嘉宾堂。这两大日本"帮派"的"火并"是当时日本国内形势的一个缩影。那时的日本已经开启了长达一个世纪的"战国时代"，而这种乱象的始作俑者正是以细川氏为首的守护大名。日本贡使的这次冲突还波及到余姚、绍兴，不但使当地居民饱受荼毒，明朝部队也是死伤惨重。在围剿日本乱兵的过程中，百户胡源与备倭指挥使刘锦等军官战死。本来是两国之间增进友谊的外交活动，却演变成了战祸，这就是历史上著名的"争贡之役"。

在明朝建立的近三百年中，日本这个一衣带水的邻邦与中国的交往常以寇盗的形式出现，在嘉靖时期更是爆发了持续二十余年的大规模倭乱，给东南沿海地区人民带来了深重苦难。日本人时常以亦商亦盗的形式出现，战争与贸易是纵贯明朝与日本交往的两大主线。

洪武三年，公元1370年，出使日本的赵秩心情大好，凭借着自己临危不乱的勇气和智慧，他圆满地完成了外交任务，终于让日本的怀良亲王认识到"蒙元"是"过去式"，华夏神州已经进入到"朱明"王朝时代。在回国时，赵秩带回了怀良亲王的表文及贡品，为了表达诚意，日本人还释放了倭寇从宁波、台州等地掳掠的七十余人。此时的日本正处在"南北朝"时代，由于"地利"的原因，明朝最初与日本的交往被盘踞在九州的怀良亲王截胡。彼时元朝残余势力盘踞北方虎视眈眈，朱元璋曾经对刘基说："东夷与北胡不同，不是心腹之患。"其实在明太祖的心中，对于国际形势早已成竹在胸，朱元璋有着自己的布局。

农民出身的明太祖，对遥远的海洋并不太感兴趣，在他看来中原王朝最大的敌人从来都是驰骋在马背上的。怀良亲王的示好，得到了明太祖积极的回应。洪武六年，公元1373年，明朝政府派出高僧祖阐和克勤出访日本，二人在京都传播禅宗教义让日本人深深着迷，他们请求大师留下来主持天龙禅寺，身负重任的二位高僧没有接受，他们在回程时拜访了怀良亲王并且赠予他极具象征意义的明朝政府大统历，这意味明王朝对日本南方政权的认可。但随着明朝政府对残元势力的肃清，加上朱元璋对日本南北朝形势的了解愈发深入，洪武帝又开始对日采取强硬态度。朱元璋建国伊始，日本的倭寇就没有停止过对中国沿海的骚扰。基于这个原因明太祖推行了严厉的禁海政策。洪武七年，公元1374年，明朝政府撤销了负责海外贸易的福建泉州、浙江明州[1]、广东广

---

[1] 今宁波。

州三市舶司。洪武十四年，公元1381年，朱元璋"以倭寇仍不稍敛足迹，又下令禁濒海民私通海外诸国"，彻底断绝了与外联系。洪武二十八年，公元1395年，朱元璋将日本列为"不征之国"，颇有"老死不相往来"的意思。

诚意

永乐初年，日本。

已经完成南北统一的日本进入了室町幕府时代，这时日本迎来了一支特殊的使团——大明王朝派出的郑和使团。此举目的在于回应永乐元年，公元1403年，日本派出朝贺团的示好之举。此时的室町幕府不但姿态很低地献上了宝刀骏马等贡品，更强势清除了对马岛等地泛滥的倭寇，并且当着郑和的面将倭寇头目"蒸杀"以表诚意。

在日本历史上，势力相对弱小的室町幕府为了应对地方守护大名的势力崛起，幕府政权需要不断加强自己的实力，包括军事和经济上的，而经济的恢复则取决于贸易，与明朝的交好进入朝贡体系无疑是最快捷的办法。

此时室町幕府的掌权将军是足利义满，这位后来成为动画片《聪明的一休》"男二号"的历史人物十分务实，他也赶上了好时候——朱棣心中一直想扩大明朝的朝贡体系。足利义满一改之前日本对明朝强硬的态度，明朝也赐足利义满白金千两、"日本国王"金印一枚，富士山被明朝政府封为"寿安镇国之山"。足利义满也谦卑地回书，自称"日本国王，臣源义满"。明朝政府赐日本勘合，恢复了与日本的朝贡贸易。

除了务实之外，足利义满也是室町时代极富政治头脑的掌权者。

公元 1397 年，足利义满获得京都北面的北山第山庄并对其进行了翻新，他将"北山第"的别墅改造成了融合"公""武""禅"三家文化风格的"鹿苑寺"。改造完成的建筑极其奢华，甚至墙壁都装饰着金箔，这就是日本历史上著名的"金阁寺"。当时已经成为"太上皇"的足利义满在这座别墅中并没有安享晚年，而是有计划的完成为自己"血统洗白"的目标。与以往的幕府将军把持朝政不同，足利义满的终极目标是成为真正的天皇。他的计划也很简单，就是让自己的正室日野康子成为天皇的养母，然后让天皇收养自己的次子足利义嗣。如此足利家族便可名正言顺地融入天皇家族谱系之中。

为了这个计划足利义满扫清了可能存在的一切障碍，包括驱逐了小松天皇宠幸的藤原照子，并将其儿子"千菊丸"送入京都安国寺，而这个"千菊丸"就是动画片中那个"聪明的一休"。但足利义满没有等到计划实现就撒手人寰，介于其在位期间对两国外交做出的贡献，朱棣派出使团前往日本吊唁，并且赐谥号"恭献"。随着足利义满的离去，中日之间短暂的"蜜月期"也画上了句号。公元1408年，足利义持成为掌权人，将有可能成为未来天皇的足利义嗣监禁，一改亲明的态度。

明代日本与中国的交往基本延续着"和则贡，断则寇"的模式。日本自然资源贫瘠的现状决定了不管是幕府政权还是地方势力，都需要与明朝进行贸易才能维持自身的经济运转。其中日本亟需的产品是生丝和瓷器，即便在纺织业有了较大发展的15世纪，日本每年要消耗生丝约二十二万公斤，其中一半要从中国进口。在这一时期的东亚已经形成了中国、朝鲜、日本、琉球组成的经济贸易圈。洪武五年，公元1372年，明朝政府允许琉球一年一贡，但实际上琉球往往一年数贡。另一方面朝鲜在富山浦[1]、乃而浦[2]、盐浦[3]开港贸易，设立倭馆，在朝鲜的日本商人一度达上千。东南亚的胡椒、香木从这里源源不断地进入半岛。因此当中日关系出现波动的时候，贸易圈内的其他国家必定受到影响。受到倭患影响的不只是明朝，还有朝鲜。倭寇对朝鲜半岛的劫掠一度让政府把沿海地区的居民全部撤回了内地，给朝鲜半岛带来了巨大的影响。

反复无常

天气好的时候，站在朝鲜半岛釜山高处向南远眺可以看见一个丛林密布的小岛，这里山势险峻，《三国志·魏书》描述此地"土地山险，多深林，道路如禽鹿径。有千馀户，无良田，食海物自活，乖船南北市籴"。这就是位于朝日之间海路的门户——对马岛。特殊的位置让对马岛成了东亚战争的前哨站，也成了日本倭寇侵

---

[1] 今釜山。

[2] 今齐浦。

[3] 今蔚山。

扰朝鲜的先头基地。由于对马岛多山少田，因此岛上居民生计基本靠贸易维持。

永乐十七年，公元1419年，日本北部发生大面积饥荒，于是对马岛守护大名宗贞盛率领着倭寇又开始对朝鲜半岛进行劫掠。不知道是行动太过于顺利还是宗贞盛兴奋过了头，在洗劫了清忠道和黄海道后，这位倭寇头子居然把目标指向了中国的辽东半岛，三十几艘海盗船浩浩荡荡的直奔辽东而来。

公元1418年，辽东总兵刘荣在日常巡视中，发现辽东半岛临海一处地势极高，登临其上沿海状貌尽收眼底，他认为此处位置很重要，于是筑城屯兵，而这个地方就是让宗贞盛后半生的阴影——望海埚。

望海埚明显的战略位置让倭寇的部队来到辽东半岛第一时间对这里发动了攻击，而刘荣也没有死守这个战略据点，他巧妙地唱了一出空城计，引诱倭寇进入空堡，再围歼敌人。此战倭寇先遣队一千五百多人有一半被斩杀，剩余的全部成了俘虏。这就是著名的"望海埚之战"，此一战后刘荣被封广宁伯，而对马岛的倭寇主力也被肃清。

宗贞盛在对马岛等待部队凯旋归来之时，海上驶来了遮天蔽日的巨大船队，但船上不是日本人，而是全副武装的朝鲜军人。在先遣队全军覆没之后没几天，对马岛的海盗们迎来了灭顶之灾，朝鲜组织了将近两万人的军队对对马岛发动了突袭，占领了对马岛一部分领地，并将岛上的房屋、船只、田地尽数摧毁，让宗贞盛体会到了家园被毁的感受。明军和朝鲜的军事行动让日本幕府一度认为他们是要向日本本土发动进攻，因此派出军队支援对马岛。这场战役在朝鲜历史上是少有的主动进攻的战例，被称为"己亥东征"。而日本方面对这次在家门口的战争也是刻骨铭心，极具讽刺意味的是经常以寇盗身份袭扰别国的日本将此战称为"应永外寇"。

这一阶段的战斗最终以双方议和结束，朝鲜军队撤出了对马岛。此一战大大打击了日本倭寇的嚣张气焰，为此后东亚地区换取了很长一段时间的和平。在足利义持去世后，足利义教出任幕府将军，日本政府转变外交策略，寻求与明朝政府的交好，两国重开朝贡贸易。

宣德八年，公元1433年，北京迎来了一支规模庞大且特殊的日本使团，特殊之处在于使团的代表是一位侨居日本的中国僧人——龙室道渊。这位出生在浙江宁波的中国人三十岁侨居日本并出家。正是由于这样的背景，他被日本幕府任命为日本使团代表，旨在修复中日关系，重开贸易。高规格的使团带来了日本政府进贡的铠甲、宝马，并奉上国书，国书中称"日本国臣义教"，表明了日本奉明王朝为宗主国的态度。日本人谦卑的态度让宣德帝朱瞻基龙颜大悦，赏赐了日本使团不计其数的宝物，整整装满了五艘帆船，并诏发了国书与勘合，恢复了中日之间的朝贡贸易。据统计，在公元1404年到公元1547年间，日本共派出十七次贡船前往明朝贸易。因为明朝"厚往薄来"的指导思想，到访中国的日本使团出使成本很低，吃穿用度全由明朝政府供应，在回国时往往都会得到丰厚的赏赐，因此持官方身份前往中国进行朝贡对日本来说是"无本万利"的好事。在日本第八代将军足利义政任期内发生应仁之乱后，日本开启了各地大名互相征伐的乱战，室町幕府无力掌控局面。日本各方势力也纷纷插手对明朝贡贸易这块"肥肉"，其中细川家族和大内家族就是其中的主要争夺方，这也是本章开头一幕出现的"争贡之役"的历史背景。此前，大内家族已经控制了由长门、平户前往明朝的海路，并且抢走了细川氏持有的弘治勘合。大内氏和细川氏架空了幕府，假借日本国王名义前往明朝政府朝贡，势力较强的大内氏处于正使位置。然而在公元1523年朝贡时，细川家族通过行贿市舶司太监取得了先入港口的特权，在接下来的欢迎宴会上细川氏代表的座次还比大内氏高，这激起了大内氏代表宗设、谦道的怒火，因此一场火并随即发生。

经过"争贡之役"，大内氏家族垄断了对中国的贸易。值得一提的是在日本乱战的时代，除了武士之外，"忍者"成了各方势力重要的雇佣兵，以"伊贺流"和"甲贺流"为代表的两大忍者集团分别服务于幕府与大名。身着黑衣，来去无踪的忍者们为日本的乱世添了一分神秘色彩。

明日在正常的贸易期间，每次日本使团几乎都会超规模组团，有时前来的贡船多达十艘。日本的铜、硫磺等产品输入中国，而生丝、瓷器还有古玩字画成了日本人最需要的产品。由于冶炼技术的落后，日本还会大量进口中国的铜钱，这促进了日本国内商品经济的发展。成化十三年，公元1477年，日本使团访问北京，明朝政府照例赏赐铜钱五万文。如此巨大的利益终于引发了日本朝贡时商盗之间的内讧，爆发"争贡之役"。虽然在此事件发生之后，日本方面极力想修复关系，但是"争贡之役"的恶劣影响让本来就对海外贸不感兴趣的世宗皇帝朱厚熜越发厌恶这个隔海的邻居。嘉靖六年，公元

1527 年，明朝政府要求日本"十年一贡"，嘉靖十八年，公元1539 年，日方湖心硕鼎使团入明时被传达了这一要求，明帝国要求日本严格遵守"贡期定以十年，夷使不过百名，贡船不过三只"的规格。由于每次日本使团朝贡都是"狮子大开口"，对回赠之物要求越来越多，而此时明朝政府已经出现危机，因此朱厚熜对朝贡赏赐这种没什么收益的事情实在是提不起兴趣。在嘉靖二十七年，公元1548 年，日本派出策彦周良使团朝贡之后，明朝政府再也没有颁发新的勘合，明朝与日本百年的朝贡交流画上了句号，两国再度进入了外交与贸易的"冰河时期"，而沿海地区发生的一场"劫案"引发了长达二十多年的倭乱。

一切问题都是经济问题

西晋，永嘉年间，国子祭酒谢衡为避永嘉之乱，举家迁往会稽郡东山[1]。谢家的这一次"搬迁"给中国历

---

[1] 今浙江绍兴市内。

史造成了巨大影响。几十年后，一位淡泊名利隐居在东山的谢氏后人决定出仕，在后来的淝水之战中运筹帷幄、气定神闲的击溃了前秦号称的百万大军，这个人就是东晋时期著名的政治家、军事家谢安。他留下了"东山再起""小儿破贼"等成语，也为东晋赢得了短暂的和平。时间来到明弘治十一年，公元1498年，太子[1]出阁读书，谢迁正式入阁为相。这个谢迁追溯族谱，正是谢安的三十九世孙。在浙江泗门谢氏宗祠里有一副对联："古今三太傅，吴越两东山。"谢家的三位太傅，第一个是谢安，最后一个就是谢迁。

谢家子孙到了嘉靖年间，早已不是"两耳不闻窗外事，一心只读圣贤书"了，民间出海贸易的高利润，驱使谢家人开始大规模下海从商。凭借着家族的势力，谢氏很快成了东南海商的主力。据《明世宗实录》记载："按海上之事，初起于内地奸商王直、徐海等常阑出中国财物与番客市易，皆主于余姚谢氏。"

谢家不但凭借着自身的家族优势做起了"灰色贸易"，

---

[1] 即明武宗朱厚照。

还形成了一条完整的"产业链"，据《国朝典汇》[1]记载："自嘉靖元年罢市舶，凡番货至，辄赊与奸商。"海外"中间商"负责从国外进货，而士家大族们则相当于在内地市场的"经销商"。为什么这里边要出现"奸商"这个词呢？精明的当地商人早早就学会了"滚结"的结算方式，即在下一次进货的时候再结上一次的货款，为自己留足流动资金。

由于中国的商品和市场太有诱惑力了，即便条件如此苛刻，外国的海商们也愿意和沿海大族们做生意。正常时期，朝廷对这样的贸易睁一只眼闭一只眼，但是由于在嘉靖二年发生了"争贡之役"，明朝政府开始大力缉私，这种灰色贸易就不好做了，货物也滞销了。卖不了货，就没有回款，"滚结"也做不到了。于是乎谢家人仗着自己的势力，干脆停止了欠账的对付。谢迁要是知道后人是这样一副市井之徒的嘴脸，不知道该作何感想。常在河边走哪有不湿鞋，嘉靖二十六年，公元1547年，资金短缺的葡萄牙人洗劫了谢家，这个事件亦见于葡萄

---

[1] 福建巡抚徐学聚编撰的记述起自明太祖到明穆宗时期政治、经济、军政等方面的书籍。

牙人的记载："兰沙罗特·佩雷伊拉是利马港人，乃名门望族的体面人物。据说，他以几千达卡借给几个谢家人。那些人自食其言，赖账不还。他们失踪了……为了补偿自己的损失，他纠集了十五名至二十名最恶劣的亡命之徒，在夜幕中袭击一个距宁波两里路的村庄。"

这场劫案震动全国。谢氏一家是前朝大学士谢迁之后，余姚望族，如此望族竟遭寇掠，引起了江南士绅和朝廷的危机感。于是明朝政府设"浙江巡抚都御史，兼管福建海道"。朱纨上任巡抚都御史后，实行严厉的海禁，并且对海盗和葡萄牙人盘踞的双屿进行了毁灭性的打击。

"城门失火殃及池鱼"，遭受明朝政府打击的除了双屿的葡萄牙人之外还有日本人。在全球经济一体化早期的大航海时代，与贸易随行的是枪炮。早期的欧洲国家政府还会专门颁发"抢劫许可证"（privateer）给私人，并且入股海盗武装商团，对抢掠成绩辉煌的人封授爵位。英国著名的"海贼王"德雷克（Francis Drake）就被英国授予了骑士爵位。在亚洲也是如此，甚至有过之而无不及。长期战乱的国内局势让日本地方势力错综复杂，在茫茫大海贸易，只有刀剑枪炮能够保护自己。日本人贸易时也是"亦盗亦商"，面对"自己人"他们时常也大动干戈。

公元 1467 年的应仁之乱到公元 1615 年大阪之战的一百多年间，日本处于广义的战国时代，这一阶段是日本社会重要转型期。各地方大名为了胜出，纷纷大力发展农业和工商业，催生了一批近代日本城市，如静冈市、山口县的兴起。商品经济的发展刺激了资本主义萌芽产生，日本开始向近代过渡。随着 16 世纪中日贸易规模的不断扩大，对中国的贸易已经成了日本经济的重要支柱。而随着嘉靖时期的外交政策转变，日本国内经济压力陡增。面对高压，经济日渐窘迫的日本人蠢蠢欲动。

嘉靖三十一年，公元 1552 年，数万倭寇集结，进攻沿海地区，洗劫了台州、温州、宁波等地，揭开了持续数十年的"嘉靖大倭乱"[1]。此次事件规模之大，背景之复杂、持续时间之久古今罕见。

沿海地区从台州、宁波、松江甚至到淮北的数千里海岸全部受到了倭寇的袭扰。明代中期，军务废弛，明军的战斗力与朱元璋时期相比已经大大下降，面对强盗

---

[1] 也有学者从 1547 年朱纨负责浙闽海防巡抚浙江开始算起。

常常没有还手之力。

其实在朱纨实行严厉禁海政策之前，大海商王直一直试图与明朝政府交好，这位从徽州走出来的商人目的很简单，就是想做生意。为了示好他一度帮助明朝政府剿灭沿海的匪盗。可惜，这种对官方示好的从未得到明世宗的认可，随着海禁力度的不断加强，王直选择走向了政府的对立面。在倭患爆发期间，王直还前往杭州与负责平乱的胡宗宪和谈，希望朝廷可以开放互市。浙江巡按御史王本固弹劾胡宗宪收受海贼贿赂，无奈之下胡宗宪只得杀掉王直自保。

东南的倭患并没有平息，相反，此后群龙无首的海贼更加肆无忌惮。嘉靖四十四年，公元1565年，在广东南澳岛以吴平为首的海盗与戚继光率领的军队死战不撤，此一役明军共剿灭海盗一万余人。随着戚继光、俞大猷等将领的持续平乱，东南沿海的盗寇在持续了十几年之后逐渐平息。

嘉靖大倭乱结束后，是否开放海外贸易成了明朝政府不得不正视的问题，以郑晓和唐枢为代表的开海派认为倭乱的起因就是贸易的断绝和豪族对贸易的把控，只要经过正确的疏导和管理，这个问题就能得到解决。唐枢认为，海上贸易"利之所在，人必趋之"，他还说"市通则寇转为商"。开海派认为开放贸易不但可以有效管理对外经贸，还可以增加政府的税收。进入嘉靖时期，明朝的财政陷入了空前的危机，在这种情况下，隆庆元年，公元1567年，明穆宗宣布解除海禁，允许民间远贩东西二洋。开放福建漳州府月港[1]，设立督饷馆，负责管理私人海外贸易并征税。隆庆开关标志着明朝的对外交往从官方主导转向民间层面，民间海外贸易的热情再一次被点燃。虽然明朝政府对日本仍执行严格的封锁，但是开放的贸易使得日本商人有机会从别的渠道获得与中国贸易的机会，沿海没有再兴起大规模的倭患，但是这种短暂的和平并没有维持太久，谁都没有想到，日本竟然会在不久的未来入侵朝鲜，很快中国将迎来与日本的正面战争。

隆庆六年，公元1572年，北京。明穆宗朱载垕气若游丝地坐在御榻上，他身边站立着一个十来岁的孩子，他就是未来在皇位上将近半个世纪的明神宗朱翊钧。此

---

[1] 今福建海澄。

时朱载坖抓住阁臣高拱的手，声音不大但却充满希望地对他说："以天下累先生。"高拱忍不住掩面而泣。几天后身体羸弱的穆宗驾崩，大明帝国进入神宗时代。二十年后，丰臣秀吉统一日本。

这位日本历史上的战争狂人出身低微，身材矮小，相貌丑陋，还被人冠以"猴子"的绰号。但瘦小的身形丝毫没有影响他膨胀的野心，在统一日本的过程中，丰臣秀吉的野心竟然瞄向了庞大的明帝国，而进攻明朝最佳的跳板就是朝鲜。

公元1591年的一天，丰臣秀吉登上京都的清水阁寺，惆怅地望着西方，突然说了一句："大丈夫当用武万里之外！"此时他已经下定决心发动战争。经过一年的精心准备，公元1592年，十五万日军分九个军团发动了对朝鲜的战争，第一波抵达朝鲜半岛的日军由小西行长、宗义智、有马晴信、大村喜前和五岛纯玄等人指挥。到达釜山后，小西以武力胁迫朝鲜人投降无果。

此时的朝鲜党争严重，军队战斗力低下，在日本人疯狂的进攻下，三个月内全国八道尽失，国王李松不得不向明朝政府求援。朝鲜在短短几个月内几乎亡国，事态发展如此快速，令明朝政府甚至不相信这是事实。一再确定事实之后，万历皇帝决心派出大军驰援朝鲜，揭开了长达七年的战争。直到公元1598年丰臣秀吉去世，日军才被击败撤军，而日本也进入了德川幕府时代，开启了长达二百多年的"江户时代"。

德川家康掌权后极力修复中日关系，不管是在政治上还是经济上，德川幕府都向明朝政府示好，想重新回到朝贡体系中。

位于地震带上的日本列岛多山地与丘陵，自然资源贫乏，多发自然灾害。在这样环境中生存的日本人有着很强的危机意识，地震与贫乏的资源像魔咒一样，让他们时刻向往更广阔的天地；另一方面，日本人擅长海洋贸易，这也决定了明朝政府与日本交往的二百多年中，常常伴随着战争与贸易。

第二章　躁动的海洋

第一节
寻找契丹——伊比利亚半岛的觊觎

葡萄牙五百多年前在东方建立的"小上海"有着怎样的风景？澳门是如何连接起东西半球的？马尼拉的大帆船是怎样将西班牙人在美洲掠夺的白银源源不断输送到中国的？

雪上加霜

正德十六年，公元 1521 年，海面上几艘不大的帆船正在缓缓行驶，七八节的航速让船员们感觉无比惬意。这是舰队在出航后享受到的最为舒服的一段时光，这里的海域风平浪静。经历了大西洋地狱般海况的船员们将此地叫做"Mare Pacificum"，拉丁文意为"平静的海洋"。此时甲板上船员们一边各自忙碌，一边享受着阳光的沐浴。突然在桅杆上瞭望的水手发出了一声惊叫，大家随着他手指的方向望去，只见水天相接的地方出现了一座巨大的岛屿，岛屿之上群山连绵、郁郁葱葱，丛林之间若有瀑布直泄于海洋。这支来自西半球的舰队此时已经越过宽广的太平洋到达了菲律宾东海岸，舰队的指挥官叫费尔南多·德·麦哲伦（Fernando de Magallanes），他们看到的这座巨大的岛屿是菲律宾第三大岛——萨马岛（Samar）。由于这座岛四周都是峭壁悬崖，麦哲伦指挥舰队在附近的霍蒙洪岛（Homonhon Island）上岸扎营。小岛优美的环境将船员们多日以来的航行疲惫一扫而空，他们杀了头猪饱餐了一顿，席间充满了久违的欢笑。此时有两件事麦哲伦还不知道，一件事是他苦苦追寻的"香料群岛"已经近在咫尺了，另一件就是，这位在人类航海史上留下了浓墨重彩一笔的传奇船长不久将死于一场武装冲突。

景泰四年，公元1453年，奥斯曼土耳其帝国的穆罕默德二世突发奇想，他使用圆木在博斯普鲁斯海峡和金角湾之间铺设了一条长达一点五公里的滑道，将自己的军队与帆船运进了金角湾。这天马行空的举动让君士坦丁堡的守军陷入了腹背受敌的境地，虽然城内的军民在皇帝君士坦丁十一世帕莱奥古斯率领下顽强抵抗，但终因寡不敌众而失败。不久之后这座古城成了奥斯曼帝国的首都，并改名为伊斯坦布尔。君士坦丁堡的陷落意味着罗马帝国统治的终结，更重要的是，奥斯曼土耳其帝国的强势崛起，他们掐住了亚欧大陆的路上咽喉，成了欧洲商人的噩梦。

君士坦丁堡以西两千公里外的伊比利亚半岛，由于中世纪欧洲农业生产力低下，加上气候与土壤的限制，让葡萄牙粮食无法实现自给，经济匮乏的葡萄牙人急不可待地要寻找新的生存空间。

那时以中国为中心的东亚毫无疑问是世界的经济中心，中世纪的威尼斯和热那亚都是因为充当着东西方贸易"中间商"赚得盆满钵满，从那时候开始欧洲人就没有停止过对东方商路的探索。奥斯曼帝国的兴起让中东的商路不再便利，于是，那些渴望财富的国家纷纷将目光投向了深邃的海洋。

寻找契丹

生活在中世纪的欧洲人一刻都没有停止过对富庶东方的幻想与渴望，早在马可波罗之前，出生在意大利的柏朗嘉宾就受教会的委派出使东方。蒙古人在公元1241

年征服了斡罗思各公国[1]，随后又击溃了波兰和普鲁士联军。蒙古人的骁勇让欧洲各国君主惊恐万分，在武力抵抗的同时，他们也在寻求和平解决的方案。公元1245年，已过花甲之年的柏朗嘉宾带着和平的诉求，骑着毛驴从里昂出发，途经波希米亚、波兰、巴尔喀什湖，越过阿尔泰山，于公元1246年抵达蒙古上都[2]。虽然此行他们的目的并未达成，但是在返回欧洲后，他将此次出使的见闻写成书，名为《柏朗嘉宾蒙古行纪》。书中详细介绍了沿途的地理概况、宗教民俗等。柏朗嘉宾在书中有关中国的叙述使用的词语是"契丹"，此时在他们心中，中国更像一片神秘的大陆。

洪熙元年，公元1425年，威尼斯繁华的街市上喧嚣异常，叫卖声、咒骂声此起彼伏，与这样的场景格格不入的是市场中一位年轻人捧着一本书出神地阅读，很快他就买下了这本书，这个年轻人就是葡萄牙王子恩里克的哥哥佩德罗王子，而他痴迷的这本书名字叫《马可波罗游记》。书中东方的描述激起了他对神秘东方的探索欲

---

[1] 今俄罗斯西部部分地区和乌克兰等地。

[2] 今内蒙古自治区锡林郭勒盟正蓝旗境内。

望。而作为地理大发现时代欧洲的先驱者，葡萄牙人在15到16世纪取得了一系列突破。

公元1487年，在大西洋的南端海域，惊涛怒吼，海面上的巨浪达到了十多米，狂风夹杂着海水打在船员的脸上如同刀割一般，此刻行驶在海面的帆船几乎要被海浪掀翻。就在人们绝望之际，巨浪把幸存的帆船推到一处不知名的岬角上。风暴过后，舰队的指挥官巴尔托洛梅乌·缪·迪亚士（Bartholmeu Dias）心有余悸地将此地命名为"风暴角"，这就是非洲南端的好望角。十年后葡萄牙人瓦斯科·达·伽马（Vasco da Gama）跟随迪亚士的步伐，带领舰队绕过好望角，横穿印度洋，在公元1498年到达印度港口城市卡利卡特（Calicut），而明朝则将这个城市称作"古里"。葡萄牙人成功开辟了通往东方的海上航路。

占领狮城

正德六年，公元1511年，满剌加王城，马六甲。

葡萄牙军队指挥官、印度总督阿方索·德·阿尔布克尔克（Afonso de Albuquerque）做出了一个重要的决定，让海洋之花号和舰队中其他两艘军舰返回印度，然而仅仅出海六天之后，这艘让葡萄牙人最引以为傲的帆船就石沉大海。随军舰一起沉没的，还有包括马六甲王宫中镶嵌了无数宝石的桌子以及制作精美的铜狮子等。这些宝物全部是几个月前，他们在马六甲城内与王宫内搜罗的财富，那些铜狮子是阿尔布克尔克准备装饰自己死后的墓地所用。

根据西方世界第一位进入大明王朝的使者托梅·皮雷斯（Tomé Pires）的描述，马六甲是当时世界上最繁忙和富庶的城市。它将印度洋、太平洋上各地区的商人们紧密地连接了起来。在这里聚集着近百个国家和地区的商人及组织，集市上说着不同语言的人们每天都在进行着繁忙的贸易。威尼斯的玻璃、波斯湾的珍珠、摩鹿加群岛[1]的香料以及中国的瓷器在这里随处可见，宽阔的港口停泊着来自世界各地形状各异的船只，这里的人口超过十万，甚至要比葡萄牙首都里斯本的人还多。由于得天独厚的地理位置，马六甲靠贸易迅速积攒起巨量

---

[1] 印度尼西亚东北部的群岛。旧时生产丁香、胡椒，是"香料群岛"的一部分。

的财富。

面对如此巨大的诱惑力，葡萄牙人抽调了包括十二艘克拉克帆船和一千余名葡萄牙士兵与马拉巴尔[1]士兵组成远征军，杀气腾腾地驶向马六甲。正德六年，公元1511年，葡萄牙的舰队出现在了满剌加的海面上，庞大的舰体和侧舷上多层排布的火炮引人注目。满剌加城中的人们经历了短暂的好奇之后，所有人的神经都紧绷了起来，如此庞大的舰队到来绝非出于善意。果然，葡萄牙人火力全开，战舰上的炮弹如雨点一般的飞向城内，打得守军毫无还手之力。尽管守城部队拥有看似威力巨大的"象军"，但是在有着丰富战斗经验的葡萄牙人的持续进攻之下，马六甲城很快沦陷了。葡萄牙人对这座被称为"太阳之眼"的国际贸易之都进行了劫掠，收获满满的他们急不可待地要将财富运回国内，因此出现了本章开头的一幕。

葡萄牙人对马六甲的占领，不仅仅在于掌握了亚洲商贸的十字路口，更重要的是，他们离发现中国越来越

---

[1] 印度西南部。

近了。弘治十五年，公元1502年，《马可·波罗游记》在里斯本出版，前言中有这样一句话："向往东方的全部愿望，都是来自想要前去中国。"正德七年，公元1512年，在印度总督阿方索索·德·阿尔布克尔克（Afonso de Albuquerque）面前放着一张地图，他仔细观察着地图的每一处细节，并且不时发出惊叹之声，这张地图清楚标明了东南亚最有经济价值的航线——如何到达香料群岛，还有一条重要信息——这是中国人的航线。他马上将这个极具价值的信息汇报给了葡萄牙国王。此后葡萄牙人乔治·欧维士（Jorge Alvares）指挥着一艘装满香料的帆船在广州附近与当地商人完成交易，在返回马六甲时，除了带回的中国货物让他赚得盆满钵满之外，欧维士也带回了关于中国的第一手消息。丰厚的利润让葡萄牙迫不及待地要与中国建立外交关系以便展开大规模的贸易，于是在1516年，长期居住在马六甲，经常与华商打交道的托梅·皮雷斯（Tome Pires）被任命为首任赴华使节。

"礼炮"

"一条四百吨的船就能毁掉广州""夺取马六甲的印度总督只需用十条大船就可以征服整个中国沿海"。这是葡萄牙第一位正式出使中国的人托梅·皮雷斯在到中国之前对明帝国实力做出的判断。

正德十二年，公元1517年的一天，几声巨响打破了广州城的平静。葡萄牙武装商船进入内河，举炮为礼。《明武宗实录》记载"铳炮之声，震动城郭"。从此前皮雷斯对中国傲慢的态度来看，这一行为是施礼还是挑衅，可能只有葡萄牙人心里清楚。葡萄牙人的到来让明朝的官员犯了难，广州总督陈金查遍了《大明会典》也没有找到自称为"佛郎机"的贡国，于是只能向中央奏陈，等待朝廷处置。谁知这一等就是两年多。直到正德十五年，公元1520年，满剌加国使者入明控诉葡萄牙人的暴行，在满朝文武得知"佛郎机"干的好事之后，才重新想起来这只眼皮底下的"中山狼"。据《明武宗实录》记载，正德十五年，重臣杨廷和奏曰："近日佛朗机并满剌加、占城等国，进来番文，事干地方，俱未见有处置，夷情反覆，不可不虑。"这位大臣提醒明武宗朱厚照，属国出现重大事件如果不好好处理，将直接影响明朝的外交体系。监察御史邱道隆也上奏道："满剌加，朝贡诏封之国，而佛朗机并之，且啗我以利，邀求封赏，于义决不可听。"他还建议武宗诏令葡萄牙归还满剌加领土，如果葡萄牙执迷不悟，于情于理大明都要出兵协助满剌加复国。可朱厚照却如此重大的事件不置可否，还在正德十五年，在南京接见了皮雷斯，武宗对于远渡重洋的"佛郎机"使臣没有多少兴趣，倒是和皮雷斯在中国的"舌人"[1]火者亚三打得火热，兴致勃勃地与这位翻译学习葡萄牙语。

此时明朝的海外政策处于缩紧时期，再加上朱厚照是明朝历史上行为颇乖张的皇帝之一，因此对于远在天边的事情自然提不起兴趣。虽然皮雷斯等使臣被明朝政府晾在了一边，但是长期混迹于江湖的火者亚三情商极高，不但得到了朱厚照的青睐，与受朱厚照宠幸的朝臣江彬等人也是打成一片。照这个趋势发展下去，说不定哪天皇帝心情大好，有可能会同意葡萄牙的贸易要求，

---

[1] 翻译。

那时大明会典的贡国中，很可能就会出现"佛郎机"一词了。人们常说"性格决定命运"，游戏一生的朱厚照真正践行了自己"娱乐至死"的气质。正德十五年，朱厚照在归京途中路过长江清江浦，此时江上风景优美，鱼翔浅底，自幼在北方长大的朱厚照见到此景顿时玩性大发，要学渔翁戏舟，结果不幸落水，此后身体每况愈下，第二年春便在北京驾崩。朱厚照去世后明世宗朱厚熜继位，他在继位之初实行新政，革除时弊，鉴于葡萄牙的种种恶行，朱厚熜下令处死火者亚三，而皮雷斯则被监禁，最后死在狱中。在屯门的葡萄牙人也被驱赶。既然历经千辛万苦才找到富足的"契丹"，葡萄牙人绝对不会轻言放弃。葡萄牙人在广州的贸易受到了阻挠，于是他们就北上来到了大明王朝的东南沿海寻找机会。

"小上海"与"世界之窗"

"接近双屿时，我们受到了二十艘小船的指引，登陆时岛上房屋成百上千。"这是欧洲冒险家平托在其著作《远游记》中对双屿港的描述。港口位于如今浙江省舟山群岛，这里气候宜人，水道便利，是天然的良港。自从葡萄牙人在广州的贸易受挫之后，他们就沿海北上，来到了双屿，在这里建立起贸易基地。方便的水路和优越的地理环境让葡萄牙人、日本人、东南亚人从四面八方聚集而来，在这里从事贸易。短短十几年，便将这片地域打造成花花世界。海岛上矗立着数千栋房屋，如森林般，也有西方特色的教堂、医院。岛外的海港和岛上的市集一片忙碌，葡萄牙人、日本人、婆罗洲人、中国人在这里讨价还价，热闹异常。日本学者藤田丰八称双屿港为"16世纪之上海"。这里也是当时世界接触中国的"秘密通道"，是当时亚洲最大的海上走私贸易基地。中国历史上著名的海盗许栋、王直等人长期在这里与世界各国商贩进行贸易，其走私交易额估计每年在三百万葡元以上，而务实的中国人只收硬通货——银锭。

虽然拥有了双屿岛，但毕竟是走私，因此葡萄牙人一直没有放弃与明朝政府的沟通。葡萄牙人的坚持得到了回报，嘉靖三十二年，公元1553年，葡萄牙船长萨苏（Leonel de Sousa）通过一系列"公关"活动，最终得到了明朝地方官员的允许，允许葡萄牙人与中国商人进行贸易。他在公元1556年给葡萄牙路易斯亲王写的信中描述道："感谢我主……中国同意我们进行贸易"。在打开中国大门的同时，葡萄牙人一直在寻找合适的"落脚点"。起初葡萄牙人会在浪白澳停留，所谓"澳"，指在海上依山可避，有淡水可汲的港湾。可是很快他们发现了一处更加合适的落脚点，那就是广州以南，香山县附近的濠镜澳。为了在这里落脚，葡萄牙人再次施展了高超的"外交手段"，他们通过"公关"地方官员取得了在香山澳停留晾晒货物的特权。俗话说"请神容易送神难"，上岸后的葡萄牙人很快便在这里筑室修屋，甚至建造炮台。这里便利的交通和良好的自然环境很快吸引了大量的商船入驻。明朝官员庞尚鹏在嘉靖四十三年所著的《陈末以保海隅万世治安疏》中描述道："近数年来始入濠镜澳，筑室以便交易，不逾年多至数百区。今殆千区以上。日与华人相接济，岁规厚利，所获不赀。故举国而来，负老携幼，更相接踵。今筑室又不知其几许，而有夷众殆万人矣。"濠镜澳迅速成了南海上最繁忙的贸易枢纽。为了能够取得在濠镜澳的居住权，葡萄牙人不惜一切代价想取得明朝政府的认可，甚至在嘉靖四十三年，柘林发生兵变时，葡萄牙人出兵协助明军镇压。而濠镜澳还有另一个为人熟知的名字——澳门。

　　面对葡萄牙人，明朝政府一直存在着是否要驱除他们的争论，万历时期两广总督陈瑞召见葡萄牙方代表，严厉警告后，令其回澳门反思，表明了明朝政府默许葡萄牙人居住的现状。明朝的官员认为这样做既可以从澳门的贸易中获利，又可以利用葡萄牙人协助海防。有了官方的默许，葡萄牙人在澳门设立议会，组建元老院。但葡萄牙人却始终没有获得自治权。葡萄牙人在澳门居住需要每年向明朝政府缴纳地租与税银，葡萄牙的船只入澳也要根据货物缴纳税银，澳门的司法权也没有旁落，而是牢牢被明朝政府掌握。葡萄牙人的介入让澳门从海外荒岛成了中国与世界交流与贸易的重要窗口。

万历十三年，公元1585年，澳门。

一艘艘葡萄牙帆船停泊在港口，形成了一道独特的风景线。虽然已经进港，但是金发碧眼的水手们依旧没有空闲，他们忙碌着从船上卸下一箱箱的货物，这些货物是在东方大陆不常见的葡萄酒、天鹅绒、橄榄等，它们被转运到海面的小船上，然后这些小船会慢慢地溯江而上到达广州，这些稀有的货物将流入大明帝国的腹地。澳门在这一时期的国际贸易中可谓是风光无限，嘉靖元年，公元1522年，明帝国只留广州作为朝贡贸易的口岸，这让澳门的贸易活动变得尤为珍贵。在这之前，葡萄牙人已经建立起了世界性的贸易网络。对于葡萄牙人来说，在澳门建立贸易站，无疑是打开了一扇世界之窗。作为东亚的商贸中心，澳门将这一时期的印度、中国、日本紧密地连接在一起。

前文描述的港口贸易的货物就来自葡萄牙人在印度的据点果阿。他们在广州销售完货物之后又会进口生丝、麝香、砂糖与陶器，其中白色的生丝尤为珍贵，在欧洲大受欢迎。白丝仅仅运到果阿，利润率就高达百分之一百五十。葡萄牙的大帆船满载这些中国货物从澳门起航，越过南中国海，途经马六甲海峡到达果阿，最后再经过长途航行，绕过好望角到达葡萄牙首都里斯本。每当有从中国归来的帆船，都会受到当地人的热烈欢迎，船上的物品很快会销售一空，"中国制造"从里斯本流向欧洲各地。澳门的贸易也让大量的白银流入中国，仅仅从万历十三年到十九年，每年从果阿流入澳门的白银就高达二十万两。

向北，葡萄牙人在长崎建立了贸易基地，澳门通往长崎的商路利润更为丰厚。葡萄牙人在广州收购的白丝、瓷器，运往日本之后通常能够赚取百分之二百的利润。明朝嘉靖五年，公元1526年，日本发现了在17世纪白银产量约占世界三分之一的石见银矿，而日本银矿产出的白银，大部分被葡萄牙人套取运往了中国。

向东，葡萄牙人装满中国生丝的帆船每年都会前往马尼拉，换取西班牙人从美洲运来的白银。澳门通过贸易将印度洋与太平洋紧密地联系在一起。

马尼拉大帆船

让我们再回到16世纪的西班牙。

同处伊比利亚半岛的西班牙也从来不是"省油的灯"。从16世纪开始，西班牙曾经和法国、葡萄牙开战，甚至一度提出了"统一欧洲"的口号。在对新世界的探索方面，西班牙人自然不甘落后，甚至想要以"教皇子午线"为界限，和葡萄牙瓜分世界。只是西班牙虽然雇佣哥伦布发现了新大陆，但却让葡萄牙人在亚洲捷足先登，对富庶东方望眼欲穿的西班牙人自然也不会放弃在亚洲的拓张。

嘉靖四十四年，公元1565年，西班牙人在菲律宾的宿务岛建立了自己的殖民据点，随后用十几年的时间确立在菲律宾的统治。在这十几年里，西班牙人先后击败了菲律宾本土的吕宋国、日本海盗、以林凤为主的中国海商。

万历二年，公元 1574 年，马尼拉附近的西班牙军营枪声大作，喊杀声、惨叫声震耳欲聋。西班牙人像没头苍蝇一样被四面袭来的枪炮践踏着，当剩余的西班牙人撤退时，海岸居然排列着几十艘巨舰，这就是中国海商林凤的舰队。林凤的商队此次发动的袭击有机会将西班牙人在菲律宾的高级官员一网打尽，但历史没有如果，最终由于林凤指挥的失误功亏一篑，中国武装海商被驱逐出了菲律宾。几年之后西班牙人又在吕宋岛北部肃清了近千人的日本倭寇，加强了对菲律宾的控制。

经过十几年的开拓，西班牙人牢牢地控制住了菲律宾群岛，将它建成了西班牙在亚太地区的贸易中心。西班牙人在这里建立了连接亚洲与美洲的"马尼拉—阿卡普尔科[1]"航路，至此另一条向中国输送白银的航道被打通。公元 1581 年—公元 1600 年间，仅西班牙占领的波多西银矿 [玻利维亚西南] 出产的白银就占到了世界产量的百分之六十，每年产量在二百万吨以上。西班牙

---

[1] 玻利维亚西南。

人通过这条航线把美洲的白银用大帆船运到马尼拉中转，然后他们会到澳门买回中国的生丝、瓷器等，一半运往欧洲，另一半则运回美洲销售。到十七世纪初，中国的丝绸制品大量涌入南美，在秘鲁的西班牙人以穿着中国丝绸为时尚，在当地有实力的印第安人都身着丝绸制品，秘鲁首都的店铺里摆放着琳琅满目的中国商品。有学者估计在公元1550年到公元1650年，从马尼拉航线输入中国的白银至少在两千万吨。当时有西班牙商人曾感叹："中国皇帝可以用运入其国家的秘鲁白银建造一座宫殿。"面对如此情况，虽然西班牙人曾经下令试图减少中国丝绸的进口以保护本国的纺织行业，但是"中国货"的魅力实在太大，市场这只无形的手让西班牙的禁令如一纸废文。西班牙统治下的墨西哥人每年都盼着从菲律宾出发载有中国商品的大帆船到来，他们称这些大帆船为"中国船"，也有很多人认为菲律宾是明帝国的一个行省。在西班牙统治菲律宾期间，每年有大量的生丝、瓷器、丝绸、铁器流入马尼拉，而美洲的白银、东南亚的香料源源不断地输送到中国。中国凭借生丝、瓷器等"硬通货"，在贸易中获得了巨大的顺差。

万历十四年，公元1586年，已经控制了菲律宾的西班牙人野心被激发，召开了旨在大规模侵略中国的"马尼拉会议"。计划组织一支由西班牙人为主力、联合葡萄牙和日本雇佣兵的"特混战队"，约三万人，登陆中国沿海。计划还详细规定了占领中国后的"分赃"规则，并且得到了西班牙国王菲利普二世的批准。就在西班牙人沉浸在美梦中的时候，公元1588年，西班牙和英国爆发了历史上著名的加莱海战，西班牙的无敌舰队全军覆没。至此，西班牙的物力凭仗尽失；他们还多次与明王朝接触，要求通商的请求又被拒绝。贼心不死的西班牙人盯上了澳门。万历二十七年，公元1599年，西班牙派出舰队，企图在澳门附近的虎跳门修筑据点，但被明军击溃。处处吃瘪的西班牙人又盯上了一处风水宝地——台湾省。他们在天启六年，公元1626年，开始入侵台湾省，逐步占领了基隆、淡水，并在当地修建据点，教堂，最后控制了整个台湾省北部。他们大肆搜刮当地特产鹿皮、硫磺。台湾省据点的建立，让西班牙短暂控制了从日本到东南亚的航路。

葡萄牙和西班牙作为欧洲大航海时代的先行者，用帆船和火药在亚洲开辟出一条条贸易航线，并建立殖民地，打通了印度洋与太平洋的贸易区。奥斯曼帝国再也无法通过陆路阻断西方世界与东方的联系，他们只能无奈地表示"陆地是上帝给他们的礼物，而海洋则属于基督徒。"但是欧洲人处心积虑在亚洲和美洲掠夺来的白银却因为"中国货"的强大实力，使白银大量流入了中国。

时间来到 17 世纪，西班牙人在国际贸易中的处境与地理大发现时代已经改变很多，这个欧洲的老牌强国如今已经日暮西山，其治下的尼德兰爆发革命，诞生了历史上又一个海洋强国——荷兰。而之前在美洲发现的银矿已经出现枯竭的迹象，雪上加霜的是，这一时期日本幕府发布了锁国令，断绝了除中国与荷兰外的一切对外通商。荷兰，这个被誉为"海上马车夫"的欧洲国家，逐渐成了世界殖民史的新主角。

第二节
海上马车夫——荷兰在亚洲的扩张

荷兰作为后起之秀，完全不惧来自伊比利亚半岛的两位老对手，荷兰人的风帆遍布世界主要航道，他们的殖民扩张很快来到了亚洲，在这里，他们将有怎样的经历和遭遇呢？

红夷

万历二十九年，公元 1601 年，澳门。

海面上出现的庞然大物让中国人惊讶万分——两艘长三十丈，宽六丈的巨舰停泊在海面之上。这些巨大的帆船上还有精美的阁楼，船身两侧和阁楼上布满数不清的小窗，眼力好的人发现每个小窗中都有一门暗黄色的大炮，这些可以开山碎石的火炮就是后来明朝大规模仿制的"红夷大炮"。岸上的葡萄牙人绷紧了神经，他们知道，荷兰人来了。

如果说荷兰人的大帆船已经够让人震撼的了，那么上岸后的他们更是让当地人吓了一跳，这些人长着长长的鼻子、毛发赤红，就像是从《山海经》里走出的怪物，当地人称荷兰人为"红毛人"。相比普通人的好奇，有人对荷兰人的到来表现出一丝兴奋。

"囊中羞涩"的滋味在哪个时代都不好受，时任广东税监的李凤刚一上任就领到了"KPI"，《明神宗实录》记载"命广东税监李凤，征收方物及税课，每岁二十万两"。"重任在肩"的李凤绞尽脑汁开源，此前因为增税惹得澳门的葡萄牙人多次示威，这次荷兰人的到来让他看到了增收的希望。可他翻遍贡国名册都没有发现荷兰的名字，李凤只能送走了"红夷"。而对于荷兰人来说，这只是他们迈向富庶东方尝试的第一步。

万历三十一年，公元1603年，荷兰人截获了从澳门出发的葡萄牙商船"圣卡特琳娜"号，他们惊喜地发现自己中了大奖。这艘船上运载着约七十吨的黄金矿砂和十万件中国瓷器，还有不计其数的绸缎、香料。

倒霉的"圣卡特琳娜"号不久之后再次被荷兰人"光

顾"，这次被劫走的货物让荷兰人获得了三百四十万荷兰盾的收入，要知道在前一年成立的荷兰东印度公司的资本也只不过六百五十万荷兰盾。同年，荷兰舰队又在澳门附近袭击了即将前往日本的葡萄牙帆船，经过清点，这艘船上仅仅生丝就有两千八百包，价值一百四十万荷兰盾。作为世界上第一个爆发资产阶级革命的国家，荷兰有着优越的地理位置，濒临北海，海路交通十分便利。随着新航路开辟，欧洲商业中心从地中海转移到大西洋，刺激了荷兰手工业和商业的快速发展。南部城市安特卫普[1]是欧洲新兴的商贸中心。世界各地的货物汇集在这里，吸引大量客商交易，此地的金融、出版业也十分发达；荷兰北部的阿姆斯特丹是渔业、造船业中心，也是重要的谷物交易市场。新兴的资本主义发展亟需大量财富的推动，而富庶的东方正是荷兰人梦寐以求的淘金圣地。

早在万历二十二年，公元 1594 年，荷兰人成立的

[1] 荷兰在历史上称尼德兰联省共和国，存在于 1581年 –1795年期间，范围包括荷兰及比利时北部地区，此时间也是荷兰发展的黄金时代。

"长途贸易公司"（Compagnie van Verre or Long-Distance Company）试图找到一条由北冰洋通向中国的航道，然而北冰洋恶劣的环境让他们望而却步，不得不回到葡萄牙人开辟的澳门航线，可这次尝试不但没有让荷兰人获益，还让他们损失惨重，在亚洲探索时他们和葡萄牙人、爪哇人发生了激烈的武装冲突，远航的舰队回国时仅剩下几十人。这让他们认识到必须成立一个强有力的组织来保障东亚的贸易，于是在公元 1602 年，"V.O.C"公司成立，荷兰国会授予了这个公司缔结条约、宣战、建立军队甚至是铸币的权利，这就是荷兰在世界殖民的先锋——荷兰东印度公司（Vereenigde Oostindische Compagnie）。它即是商业公司，又是一个政治机构。到公元 1688 年，荷兰东印度公司已经拥有了两百艘大型战舰和超过三万名的雇员。这也是它能够横行全球的底气所在。从公元 1602 年到公元 1794 年，荷兰的东印度公司总共向亚洲派出一千七百七十二艘船只，航行多达四千七百二十一次，荷兰人在亚洲建立起了一张丝毫不亚于老牌帝国葡萄牙与西班牙的贸易网。

屠夫

虽然荷兰对亚洲的探索要比葡萄牙晚了将近一个世纪，但是这丝毫不影响荷兰人的热情。起步虽晚，荷兰人却有后发优势——他们拥有庞大的舰队。17世纪荷兰商船吨位占到了欧洲商船总吨位的一半以上；其次荷兰人的造船技术领先世界，能够制造千吨以上的巨舰。他们还有一个杀手锏——红夷大炮。这种大炮不但射程远，威力大，在后期还可以发射"开花弹"。他们靠着枪炮一点点地在亚洲建立自己的贸易基地。万历二十九年，公元1601年，荷兰人在澳门"吃瘪"之后，一直试图打开对华贸易的大门。另一方面，他们在亚太其他地区的扩张也是一刻没有停止。

早在万历二十八年，公元1600年，身在大阪的德川家康就见到了作为荷兰商队代表的英国人威廉·亚当斯（William Adams），亚当斯被授予了大名的头衔，还被日本人赐予了一块小小的封地，从此荷兰建立起了与日本的联系。公元1609年，荷兰得到日本政府的许可，在平户建立起商馆，标志着与日本通商关系的确立。

荷兰人在日本的这个据点不只是用来进行贸易，东印度公司在这里囤积了足够的粮食、火药、枪械、木材，荷兰人将这里打造成了自己在远东的军事基地。尽管在平户建立了商馆，但是荷兰人提供的商品，日本人并没有太大兴趣，当时世界贸易中，最抢手的货物之一就是中国的生丝。虽然荷兰人通过走私和劫掠葡萄牙人的方式能够获得生丝，但是相比正规的贸易来说还是太少。

距平户两千公里的爪哇岛也不太平，荷兰人即将在这里建立起一个大基地。

东印度公司最先把亚洲的总部设在爪哇岛西部的万丹岛（Bantam），并在公元1606年试图从葡萄牙人手中夺取马六甲海峡的控制权。公元1618年出任荷兰东印度公司总督的简·皮特逊·科恩（Jan Pieterszoon Coen）对动用武力有着十分明确的认识，他毫不避讳地说："贸易的维持不能离开战争，战争也离不开贸易。"在"风帆时代"[1]，荷兰人意识到必须在有良好的季风航线的地方建立一个转运的贸易基地。在科恩上任的第二年，荷兰

---

[1] 15世纪至19世纪中期，当时欧洲的船只主要依靠风力驱动，因此被称为"风帆时代"。

舰队便以武力夺取了爪哇人居住的雅加达，他们开始以这座城为中心布局自己在亚太地区的商业网络。科恩对武力的崇尚几乎达到了痴迷的程度。在这位铁腕总督的治理下，荷兰人的触角很快延伸到了锡兰以及印度西海岸。荷兰人繁荣的贸易网下，充满了暴力与鲜血，科恩除了是东印度公司的总督之外，还有一个臭名昭著的外号——"班达的杀戮者"。

公元 1620 年，班达岛。

这个位于印度尼西亚班达海东北部的火山岛群，风景优美，海水清澈。群岛渔业资源丰富，岛上除了盛产椰子之外还有一种经济作物——豆蔻。生活在这里的居民与世无争，过着桃花源般的生活。然而就在这一年，这些风景优美的小岛变成了人间地狱，身材高大的荷兰士兵在岛上展开了无差别的屠杀，在科恩的指挥下，岛上一千多名原住民被屠杀殆尽，极少部分人也被掳走充作奴隶。随后科恩将班达岛上肥沃的农场全部变成了豆蔻生产基地。

在太平洋站稳脚跟的荷兰人又将与中国的贸易提上了日程，持续的胜利让他们信心大增，这时他们与英国人结成同盟，决定"干票大的"，夺取垂涎已久的澳门。

天启二年，公元 1622 年，澳门。

十几艘巨大的帆船出现在海平面上，久经战阵的葡萄牙人目睹荷兰人的到来也没有表现出过多的惊慌，在指挥官的组织下，他们从容有序地布置着防御阵地。经过短暂的修整，志在必得的荷兰人开始了进攻，并且一度击溃了葡萄牙人的守军。就在荷兰指挥官莱尔森（Cornelis Reijersen）认为稳操胜券的时候，己方阵地的火药桶被葡萄牙军队发射的一颗炮弹精准击中，引发了剧烈的爆炸，让荷兰人士气严重受挫。随后葡萄牙人乘胜追击，将荷兰人赶回了海上。此战荷兰指挥官莱尔森受伤，损失巨大，近百人在撤退时淹死在海里。此次战役中，葡萄牙军队有一个人作战勇猛，还亲自俘虏了一名荷兰队长，这个人就是日后康熙皇帝的挚友——汤若望。

虽然没能赶走澳门的葡萄牙人，但是荷兰人时刻没有放弃建立与中国的联系。

一张牛皮

天启四年，公元 1624 年，澎湖列岛。

荷兰人在风柜城[1]的要塞上从容地向城下的明军射击，当爆炸掀起的浮土尘埃落定后，他们惊恐地发现城下的明军躲在石盾后毫发无伤，不仅如此，明军还推着这些石盾缓慢地向城下逼近。荷兰人很快收到了最后通牒，如果再不投降，那么整个澎湖列岛港湾也将被填平。荷兰人调集十几艘军舰、动用上千人修筑城堡，历时两年就这样草草收场。两年前，荷兰人出动十二艘战舰和一千人的精锐士兵妄图以武力征服中国，那时他们已经在亚洲击败了葡萄牙与西班牙，船只的总吨位也在欧洲领先。荷兰指挥官扬言"对中国人不用讲道理"，选择将澎湖列岛作为进攻中国的突破口。由于当时明朝政府在辽东战事吃紧，因此对于荷兰人在东南的骚扰没有组织

---

[1] 荷兰风柜城位于台湾省马公市，是公元1622年（明天启二年），由荷兰人所兴建的城堡。

全力反击。荷兰人轻易占领了澎湖列岛，这让他们的野心更为膨胀，大肆劫掠东南沿海，气焰十分嚣张。

明熹宗朱由校决定对荷兰开战，平定福建海患，于是就出现了开头明军围攻风柜城的一幕。

荷兰人不想放弃中国市场，但鉴于他们在澳门的失败，荷兰人把矛头转向了台湾岛。他们派出舰队在台湾省南部海域进行水文测量，精明的荷兰人还雇佣了一些华人为其工作，其中有一位干练的"同事"非常受荷兰人的欣赏，但他们绝对想不到，这个人日后成了自己最大的敌人，他就是称霸东南亚航道的中国海商郑芝龙。在熟悉了澎湖列岛地区的环境后，荷兰人先后发动了两次对澎湖列岛的侵略，但最终都以失败收场。

荷兰殖民者难以坚持，退守风柜尾的荷兰新任司令马蒂·宋克（Martinus Sonck）不得不接受海商李旦的斡旋，于明朝政府达成协议：荷兰人同意撤出澎湖，明朝政府允许他们在台湾省进行贸易活动。当时的明朝统治者因内忧外患的局面，无暇顾及台湾省防务，这为荷兰侵占台湾省提供了机会。

据说在台南地区登陆时，荷兰人向原住民请求，购买"一块牛皮"大小的地方，随后他们将牛皮裁成细绳圈出了一大片土地，并在上边加盖了城堡名叫"奥兰治"，就是"热兰遮"城。当然，"牛皮圈地"只是一个传说，并非真实的历史事件，但这个传说的流行，也侧面反映了荷兰殖民者的贪婪。

台湾岛位于中国东南沿海的黄金水道，向北可达日本，向南可达菲律宾。日本的白银、东南亚的香料、中国的丝绸瓷器都可以在这里转运交易。台湾岛本身还盛产白糖、鹿皮。荷兰人占据的巴达维亚产出的胡椒、丁香、豆蔻、苏木等重要商品也通过台湾岛中转。更为重要的是其所处的地理位置方便让荷兰人对在东南亚航道来往的葡萄牙、西班牙及日本商船进行劫掠。

荷兰人进入台湾省后，以热兰遮为据点又修建了赤嵌城要塞，逐步蚕食台南地区。面对在台湾省北部建立据点的西班牙人，荷兰人选择了正面交战，西班牙人被完全驱逐出台湾省，荷兰由此开始了对台湾省三十多年的殖民统治。

宝岛

台湾岛是真正的宝藏之岛。从 17 世纪 20 年代起，台湾省就成了亚洲重要的贸易中心之一。得天独厚的自然条件让台湾岛盛产稻米、白糖。仅 17 世纪 30 年代，从台湾省出口到荷兰的白糖就达到了一百万磅。另外荷兰人在台湾省设置了名目繁多的赋税，岛上七岁以上的人丁都要缴税。

虽然赋税沉重，但是由于大陆正值明末乱世，还是有大量的居民前往台湾省谋生。到 17 世纪中叶，台湾省约有两万多从大陆来的居民。高额的赋税导致台湾省甘蔗种植业衰退，荷兰人在台湾省的横征暴敛终于引发了居民的反抗。公元 1652 年，台湾省爆发了由郭怀一领导的农民武装起义。

起义军缺乏武器，而荷兰人的火枪队则经过了严格的整训，并且武器精良，起义并没能将殖民者赶出台湾岛。

虽然殖民者靠物力镇压了起义，但是荷兰人在台湾省的日子却没有想象中滋润，其中很大一部分烦恼来自多年前曾经为自己服务过的那个通事——郑芝龙。尽管在大航海时代开始中国的海商就在世界舞台上崭露头角，但是像郑芝龙这样具备"国际影响力"的却不多。其实早在荷兰人来台湾省之前，郑芝龙的"大哥"颜思齐就已经在台湾省扎下根来。

　　万历四十年，公元1612年，出生在福建海澄县的颜思齐十四岁只身来到日本平户，凭借豪爽的性格和聪明的头脑，很快就在异国站稳了脚跟。平户在德川幕府时期是非常重要的通商口岸，当地政府甚至委托他帮助协调港口的中日贸易。如果按照这个这个剧情发展下去，颜思齐很可能会成为富甲一方的侨商荣享后半生了，但是能在历史上留下轨迹的人一般都有着不走寻常路的特殊人生。天启四年，公元1624年，颜思齐参加了推翻幕府的活动，结果走漏了消息受到幕府政权围捕。在走投无路的情况下，他决定前往台湾省发展，和他一起前往台湾省的团队中，就有郑芝龙。而这一年，荷兰人也开始在台湾省修筑热兰遮城。虽然颜思齐在到达台湾省不久之后就去世了，但是他的结拜兄弟郑芝龙，在经营多年之后，成了东亚的海上霸主。

　　颜思齐死后郑芝龙继承了他在台湾省的势力，这位来自福建泉州的海商曾一度控制了澳门——马尼拉——台湾省——长崎的贸易航线，其强大的船队让荷兰驻台湾省总督揆一曾无奈地对部下说："在中国沿海应尽量减少活动，避免被郑芝龙袭击。"这位威震四方的海商还有一个名声显赫的儿子——郑成功。

自以为可以占山为王的荷兰人怎么也没想到，仅仅二十年后，自己就被曾经的老对手郑芝龙的儿子郑成功击败，狼狈地离开了台湾省，结束了自己这段并不光彩的历史。

第三章 火炮、白银与权力

第一节
白银帝国——超级舰队与吸泵

随着早期经济全球化的发展，华人开始登上世界舞台，揭开了"下南洋"的序幕。王直在日本建起了"唐人街"；郑芝龙的"无敌舰队"曾控制了东南亚的贸易航线。明朝中后期"隆庆开关"打通了对外贸易的"任督二脉"，一度让世界三分之一的白银流入中国，明朝成了白银"吸泵"。

下南洋

隆庆年间，到达吕宋岛的西班牙人惊奇地发现，这个位于太平洋上的热带岛屿并不是蛮荒之地。城镇中店铺林立，而这些店铺的主人几乎都是外来居民。其实这些人是明早期"下南洋"做生意的华人。

虽然明朝政府长期实行海禁，但是在帝国的沿海地区私下里却流行着一句人尽皆知的口头禅——若要富，须往"猫里雾"。这里的"猫里雾"指的就是吕宋一带。早在西班牙人到来之前，吕宋已经是千帆汇聚，商贾云集了，当地华人众多。

明代中后期，全国的粮食基地已经从太湖流域发展到长江中游，民间有"湖广熟，天下足"一说。之前重要的粮食产地长江下游地区呈现出以种植桑树为主的经济作物的结构性调整，电视剧《大明王朝1566》中严嵩在这里推广"改稻为桑"的国策，就是以此为背景。纺织业的快速发展，让明朝政府的生丝、丝绸等产品不论产量还是质量都有了很大的提高，这些产品源源不断地流向国内市场，当然，也流向海洋。

福建等地丘陵遍布的环境像极了孕育欧洲商业文明的巴尔干半岛，在传统的农耕时代，这样的自然条件让沿海居民只能向海洋讨生活。虽然走私有危险，但是凭借着硬通货——丝绸和瓷器，中国的海商往往能在对外贸易中赚得盆满钵满。因此虽然明朝一再出台严厉的海禁政策，但下至百姓，上至官员，总是前赴后继地参与到走私贸易之中。他们一般多人合伙，出资造船，"组团"

出海。"隆庆开关"后允许海商私贩远洋，但由于每年允许出海的私人商船数量极为有限，且手续繁杂，并不能满足民间贸易的庞大需求，走私商团仍旧是中国对外贸易的主力。

《海澄县志·风俗考》中说："盖富家以赀、贫人以佣，输中华之产，驰彼远国，易其方物以归，博利可十倍，故民可乐之。"而这些华商一方面要防备着官府的巡查，另一方面还要对抗各国海盗的劫掠，因此他们不但拥有自己的武装，而且在海外的贸易点都建有自己的"大本营"，补给粮食、武器，与当地商人交易，久而久之，形成了早期南洋的华人圈。有明代文献曾记录华商在太平洋地区的贸易范围："东则朝鲜，东南则琉球、吕宋，南则安南、占城，西南则满剌加、暹罗，彼此互市。"

唐人街

嘉靖年间，日本平户。

海面上风帆林立，港口内人声鼎沸。葡萄牙人、爪哇人、日本人操着各自的语言辅以手势交流，也有会多国语言的人充当掮客，游走于各国商贩之间。突然一艘中式大帆船进港，所有客商把目光全部投向那边，很多人终止了正在进行的交易一路快跑奔向帆船，因为他们知道中国的丝绸到了。

16世纪中叶的平户，是远东重要的国际贸易枢纽，被誉为"西都"。各国客商云集于此，胡椒、苏木、香料、火绳枪这些珍贵的商品在这里都能找到，然而最受欢迎的还是中国的生丝与瓷器。日本史料记载："而大唐商船不绝于途，甚至南蛮黑船亦初泊平户津。唐与南蛮之珍货年年充盈，京、堺诸国商人云集于此。"这里的"唐船"指的是明代华商的货船，而早期华商最具代表性的就是平户的"徽王"。

在日本长崎矗立着一座特殊的雕像，身着中华服饰，峨冠博带，一副中国人面孔，他就是"徽王"——中国人王直，他在日本也是一位传奇人物。出生在徽州的王直身处新安商圈，他受不了"下海"浪潮的诱惑，早年便和同乡一起从事海上走私贸易。在一次前往日本的途中，王直看见五岛群岛如山峰矗立海中，便自号"五峰"。

身为徽州人，王直灵活的头脑和商业手腕让他在生意场上游刃有余，很快建立起与日本地方大名的友好关系。他接受日本战国大名松浦隆信的邀约，驻扎在平户，建立基地从事海上贸易，松浦氏还为其建造住宅。由于王直的存在，这里很快成了华人在日本的聚集地，形成了"唐人街"。

巨额的利润让很多中国沿海的商贾富户都与王直保持着千丝万缕的联系，甚至有些家庭主动将儿女送入海商集团。商人的本质是逐利，头脑灵活的王直并不想与明朝政府为敌，他曾经一度和明政府建立了比较良好的关系，帮助政府清剿倭寇，并请求政府在浙江定海等地开放通商，但是嘉靖皇帝对于开放海禁一直心存顾虑，朝廷不仅没有同意王直的请求，反而加大了对海盗与海商的清剿力度，王直也在明朝政府的诱捕之下被杀，但是以王直为代表的华商贸易集团已经在日本建立起巨大的影响力。

明代江南沿海地区豪族参与走私贸易的回报是巨大的，这种回报不仅限于财富上。明朝开科取士，进士的上榜人数，浙江、江苏、福建这几省一直名列前茅。从永乐朝开始，内阁大员中浙江、江苏人长期占据"榜一""榜二"。沿海地区发达的经贸让豪族能给后代提供优渥的教育环境，而子孙们前赴后继地进入权力中枢，为家族谋求政治特权。

朱纨，这位正德十六年的进士为官正直清廉，他巡抚浙江后发现倭寇猖獗，海民走私问题严重，于是"革渡船，严保甲"，指挥消灭了双屿的海盗基地。朱纨严格地执行禁海政策无异于断掉了一些豪族和海商们的财路，他们纷纷向自己朝中的靠山诉苦。很快朱纨遭到了兵部侍郎詹荣、巡按福建御史陈九德等人弹劾，入狱后悲愤自杀。可怜这位正直的臣工只看到了沿海倭患的表象，成了豪族和官僚们利益的牺牲品。

超级舰队

郑芝龙这个人有个很大的特点——八面玲珑。他到日本不久就被势力庞大的李旦海商集团接纳，并成为骨干。不仅如此，郑芝龙与日本地方势力也很熟悉，深得德川幕府信赖。在李旦去世之后，郑芝龙接手了李旦的事业，他立刻对集团进行了"管理提升"。随着新航路的开辟，荷兰等国家研制出的新式战舰，排水量都在五百吨以上，这种战舰配置多层甲板，以便装备更多的火炮。郑芝龙对荷兰人红夷大炮"铳炮一发，数十里当之立碎"的威力印象深刻。于是他高价聘请葡萄牙、荷兰的工匠，仿制红夷大炮，并且研发出了"中式战略舰"——大福船。这种战舰采用传统中式的大福船以获得更好的稳定性和载重量，又在此基础上布置多层夹板，船上可以安置几十门的红夷大炮。郑芝龙集团最强盛的时候拥有上千艘战舰，号称东亚的无敌舰队。

"有组织无纪律是团伙，有组织有纪律为团队"，郑芝龙集团就是"纪律严明"的团队。除了在装备上的领先，郑芝龙的"群众基础"也很好，他的海商集团有着严格的制度，不能随意烧杀抢掠，而且对读书人还十分尊重。沿海地区有灾荒的时候他还会进行赈济，因此郑芝龙集团在沿海地区有比较好的口碑。

"相时而动"是郑芝龙的另一大特点，在群雄并起战乱不断的明朝末年，威胁不会只来自一方势力。比如已经得到明朝政府认可，成为福建总兵幕僚的许心素，这位海商凭借着自己的官方身份，长期垄断对荷兰的生丝贸易。让郑芝龙头疼的是，荷兰等国的海盗还经常劫掠他的商队。郑芝龙面对威胁不急不慌，暗地里偷偷壮大自己的势力。在羽翼渐丰后，郑芝龙找机会除掉了垄断商许心素，极具政治头脑的他又向明朝政府伸出"橄榄枝"，希望能有一个官方身份。彼时明朝政府内忧外患，北方后金势力不断壮大，东南海疆不平，面对已经做大的郑芝龙集团，明朝政府索性就坡下驴，郑芝龙摇身一变，成了"五省游击将军"。取得官方身份后，郑芝龙将炮口对准了如日中天的荷兰人。

明崇祯六年，公元1633年，荷兰人的舰队在料罗湾被郑芝龙舰队击溃，此一役，荷兰舰队的九艘战舰中有五艘被击沉，剩下的也遭受重创。此次海战彻底把"海上马车夫"荷兰人打服了，澳门——马尼拉——台湾岛——长崎的贸易航线从此由郑氏集团掌控。这一时期郑芝龙海商集团成了亚太地区最具影响力的武装贸易集团。

下南洋

"家贫走他乡"。在明代中后期由于土地兼并大量的出现，让本就山多田少的东南沿海居民铤而走险选择了向大海谋生，形成了早期下南洋的移民潮。随着新航路的开辟与早期全球经济一体化的推进，华人移民东南亚出现高潮。菲律宾群岛、爪哇岛的华人逐渐形成规模。

公元 1582 年，在马尼拉的涧内[1]西班牙人在此建立市场，允许华人在此居住和贸易，形成了"中国城"。而在南洋的其他地方也有很多类似涧内的中国城。万历年间，曾在潮州府澄海县任小吏的林道乾统率华人船员数千，组成庞大商队到达暹罗北大年扎根。在这里他不仅与当地政权建立了良好的合作关系，还帮助当地政府清剿海盗，管理港口。在当地形成了早期泰国的华人区。当地人民为了纪念林道乾，把北大年港改为"林道乾港"。

吸泵

尽管明朝政府一再打压民间对外贸易，但是全球经济一体化的进程已经不可逆转，中国在这一时期也成为全球贸易的大赢家。中国的生丝、瓷器、丝绸、茶叶等产品成为这一时期国际市场上无敌的存在。如 16 世纪日本每年大约需要二十二万公斤的生丝，而这其中约一半需要从中国进口。进入 17 世纪后，日本每年从中国进口

---

[1] 又叫八连。

的生丝基本也在十几万公斤。在万历八年到十八年，每年由澳门运往果阿的生丝达到了三千担。17世纪初，西班牙向美洲贩卖中国货品的帆船，每次起航时都会装载超过一千箱的中国丝货。16世纪中国向西班牙和葡萄牙出口的瓷器达到两百万件，而明末清初的近一百年间，荷兰人转手的中国瓷器达到了六千万件以上！靠着巨大的产品优势，明朝在国际贸易市场上长期保持着巨大的贸易顺差，日本岛、墨西哥、印度的白银源源不断地流向了中国。

明朝政府曾发行纸币，但是由于不懂得经济学与货币学原理，纸币的滥发导致货币贬值严重。虽然政府一度采取措施企图挽救纸币，但苦于没有健全良好的货币贮备制度，纸币在明朝中后期基本名存实亡，民间惯用金银定价。从政府层面来看，正统时期，江南、湖广等地开始以白银代田赋征收，表明了中央实际上也开始妥协，并最终解除了用银禁令。

18世纪以前，白银是国际贸易的主要货币，而中国巨大的贸易优势让明朝政府成了恐怖的白银吞噬兽。明代中国的银产量并不高，每年约为二十万两，日本和美洲是当时的主要产银区。16世纪日本石见银山的产量最高时达到了每年二百多吨。美洲的波托西银矿、萨卡特卡斯银矿和瓜纳华托银矿也在 16 世纪相继被开发。

随着新航路的开辟，世界贸易的发展，白银逐渐流向中国。17 世纪 20 年代左右，日本每年约有一百三十吨白银用于购买中国商品。西班牙人占领菲律宾后很快开辟了马尼拉至阿卡普尔科的航线，墨西哥的银元通过这条航线由美洲到达亚洲，然后在澳门用于交换中国货，或者与在菲律宾的华商直接交易，前往菲律宾的中国大商船每年超过四十艘。17 世纪初每年从美洲运到亚洲用于贸易的白银达到五百万比索。在明朝末期，荷兰人通过与郑芝龙集团的交易也将大量白银输入中国。粗略估计明代由美洲流入中国的白银约一点七亿两左右，来自日本的白银约为二点九亿两左右。彼时的大明帝国成了名副其实的"白银帝国"。

第二节
弹无虚发——火绳枪与佛郎机

明朝几乎所有重大的战事都能见到枪炮的身影，火器在明代发展到了一个全新的高度。

意外发现

"我们行驶了六天，来到了双屿门。谓门，实为两个相对的岛屿。距当时葡萄牙人的贸易点有三里路远。那是葡萄牙人建立在陆地上的村落，房屋逾千。有市政官、巡回法官、镇长及其他六七级的法官和政府官员，该城充满自信和骄傲，有些房屋的造价已高达三四千克鲁札多[1]。"

---

[1] 旧时葡萄牙发行的货币。

这段话出自 16 世纪葡萄牙商人、探险家费尔南·门德斯·平托的《远游记》，而书中描写双屿就是位于现在宁波的舟山群岛。

16 世纪中叶的双屿岛被日本学者藤田丰八称为"十六世纪之上海"，是当时亚洲最大的海上贸易基地。岛上房屋林立，其中不乏充满西方特色的教堂、医院。葡萄牙人的到来，在这里开创了"中日葡"三角贸易的新模式，许栋、王直等"著名"的盗商就在这里与葡萄牙人进行走私贸易。但在早期的欧洲人眼中，这个地方被定义为"自由港"也许更为合适。

优越的地理位置让双屿港可以容纳上百条商船，岛上定居人口超过三千，其中葡萄牙人就有千余人，他们在岛上还设立了管理机构与官员。贸易繁盛时，葡萄牙人、日本人、马来人、占城人[1]、暹罗人[2]、琉球人聚集在这里，操持着各国语言的商人们讨价还价，货船往来不绝。葡萄牙在此地的贸易额累计超过三百万金葡元。

---

[1] 今越南中部。

[2] 今泰国。

但到了嘉靖二十七年，公元1548年，葡萄牙人的好日子结束了。浙江巡抚兼提督的朱纨整肃海防。他带领队伍彻底肃清了双屿岛的"非法市场"，剿灭了近千人的葡萄牙武装走私商人，葡萄牙人在远东耗时二十多年建立起的自由贸易港被一夜之间打回了原形。

在这场市场肃清活动中，明军还有了意想不到的发现，那就是缴获了日本人带上岛的最新式火枪——鸟铳。"十发有八九中，即飞鸟在林间，皆可射落，因是得名。"明末政治家范景文对这种新式火枪的名字给出了形象的解释。所谓英雄所见略同，欧洲人也给这种火枪起了一个好听的称呼——隼枪。火器最早在我国宋代出现，13世纪伴随着成吉思汗西征传入了中亚。火器的出现不但改变了人类战争的方式，也改变了人类的历史进程。

拖欠工资很严重

公元1452年，君士坦丁堡。

此时的拜占庭帝国早已没有了往日的雄风，拮据的财政收入让帝国维持基本的运转都十分困难。因为生活补助没有按时发放，一个名叫乌尔班的匈牙利铸炮师离开了这里。一年之后，在埃迪尔内[1]的城门外，一座长达二十七英尺，口径三十英寸的巨型大炮赫然矗立在阳光下，随着一声巨响，遮天蔽日的浓烟散去后，在场的人们发现眼前的钢铁巨兽将炮弹射到了一英里之外。一个月之后，这门大炮被六十头牛拖曳着以每天二点五英里的速度缓慢地朝君士坦丁堡前进，这个大家伙就是在后来君士坦丁堡之战中攻破城墙的"乌尔班大炮"，而建造这门巨炮的工匠正是前面因为"拖欠工资"而离开拜占庭帝国的匈牙利人乌尔班。

火炮的出现，让冷兵器时代最令人头疼的攻城战找到了最佳解决方案，也改变了历史的进程。意大利文艺复兴时期著名的诗人阿里奥斯托（Ludovico Ariosto）在其著作史诗《疯狂的奥兰多》中对火器有着这样形象的描述："刹那间窜出闪电地动天惊，城堡战栗发出巨响回音。那害物绝不徒然耗费威力，谁敢挡道叫他血肉横飞，听弹丸随风呼啸胆战心惊。"火器给那时候人们带来的震撼可见一斑。

---

[1] 土耳其西部城市，曾为奥斯曼帝国首都。

决胜德胜门

正统十四年，公元 1449 年，10 月，德胜门。

一队明军骑兵慌乱地撤退，他们身后尘土遮天蔽日，无数瓦剌骑兵飞奔而来。败退的明军迅速穿越城外的一排空房，就在瓦剌人马上就要追上他们时，只见空房内火光四起，爆炸声不绝于耳，屋内吐出无数条"火龙"，瓦剌骑兵应声倒地，没有被"火龙"击中的骑兵也因为战马受惊，失去了继续冲锋的能力。本来气势汹汹的瓦剌骑兵被眼前的一幕深深的震慑到了。此战孛罗、平章卯那孩等瓦剌贵族死于非命。这是北京保卫战中德胜门大战的一幕，而此战中战果颇丰的"火龙军"，就是大明王朝的王牌部队——神机营。

明朝向来重视火器的开发和应用。早在永乐八年，公元 1410 年，就已经有了成建制的专门使用火器的部队——神机营，要比西班牙的火枪兵早出现了将近一个世纪，这支部队也是明朝早期的绝对王牌。与"五军营"[1]和"三千营"[2]合称"京师三大营"。与其他两支王牌不同的是，神机营能够傲视群雄主要是靠"刷装备"。

根据《大明会典·京营》记载，神机营装备的火器主要有：手铳、盏口铳炮、独眼神铳、击贼砭铳、碗口铳炮、神机箭等。其中有几种火器经实战检验非常好用，比如独眼神铳、击贼砭铳、神机炮等。据《武备志》介绍，独眼神铳类似于手铳，铁制，一般长约二到四尺。尾部插入长木柄，发射时放在用铁圈制成的铳架中射击，为射击的准确性提供了保障；击贼砭铳，铳管长达三尺，铁制，柄长二尺，射程可达三百步。射击完毕，可以变为"铁棒"当作兵器使用；神机炮，发射五点五厘米至八点五厘米之间的弹丸，威力巨大。明军还发明了"火药匙"，这样就能够保障每次铳炮发射的用药量标准统一。15世纪以前中国黑火药配方中，硝的比例大概能达到百分之六十左右，这与现代黑火药百分之七十五的比例比较接近，同时期的西欧火药中硝的比例只有百分之

---

[1] 由从全国选调出来的精锐骑兵、步兵组成的野战军。

[2] 以骑兵为主的精锐部队。

四十一，而硝含量的多少决定了火药的威力。早期的火药成分是硝、硫黄和炭粉，成粉末状。粉末状的火药并不好用，第一在运输中不稳定，第二火药燃烧时不充分，使得威力大大降低。最佳的解决方案就是把火药制成粒状使用。在明代初期，粒状火药已经被官方采用。明军很早就注意到了天气对火器的影响，永乐年间就研制出了带有"火门盖"的铳炮，"火门盖"位于引信上方，以保障大炮不受雨雪的侵袭而导致发射失灵。

除了武器领先之外，统一的编制和实用的火器操练也是明军神机营战斗力强大的重要原因。神机营下辖"中军""左掖""右掖""左哨""右哨"五个军事单位，全盛时编制多达七万余人。

虽然有着巨大的威力，但也是相对冷兵器而言，早期的火器由于技术的限制，存在着巨大的缺陷。早期的"火枪"——手铳，简陋到你不敢相信，没有扳机、握把、枪托。洪武末期到永乐初期的手铳基本上就是由前膛、药室以及尾銎组成的一根"铁棒"。发射时极为麻烦，左手握铳，大略瞄准，然后右手拿火绳或者火炭去点火。这类火器属于典型的"火门枪"（touch hole）。这样的火枪缺点显而易见——精度差、单人难以操作[1]，还有一个重要的缺陷就是射击持续性差。在瞬息万变的战场上，难以持续作战是尤为致命的，而明军很好地解决了这个问题。

三排火枪兵

其实早在朱棣设立神机营之前，明军就已经有了大规模使用火器的记录。

明洪武二十一年，公元 1388 年，云南定边[2]。

雨林中树木高耸，遮天蔽日的绿叶让阳光很难照射到地面上，林间弥漫着瘴气，为雨林增添了一分神秘的氛围。一队明军荷枪实弹地注视着雾气深处，从那里不时传来巨兽的嘶吼声。很快，一只只身形庞大的巨象从雾气之中冲出，向明军阵地狂奔而来。

"放！"随着一名头戴银盔的指挥官一声令下，明军

---

[1] 比较笨重的火门枪需要两人配合操作。

[2] 今云南南涧。

阵中无数条火舌喷射而出，浓重的火药味立刻弥漫在丛林里，冲在最前排的几头大象被火器击倒。后排的大象在士兵的驱赶下眼见就要冲入明军阵地，千钧一发之际，后排的火铳手马上对象军进行了第二轮射击。如此几轮齐射之后，大象四散奔逃，有的还将自己背上的骑士甩了下来。此次战斗就是发生在明朝初年的征麓川平缅宣慰使思伦发之战。此战明军攻克敌寨，斩俘四万余人，大胜而归。

战斗中明军将领西平侯沐英命令士兵使用以手铳、神机箭为主的火器，采用"叠阵"——将使用火器的士卒分为三列，战斗时首行士卒射击完成后转身退到第三行重新装填弹药，第二行立即补充至射击位置上，完成射击，以此达到连续射击的效果，形成持续的火力压制，一定程度上解决了早期火门枪在发射间隙出现空档的问题。

这种战术虽然赋予了火门枪实战意义，但早期的火门枪发射与装填极为繁琐，而且其威力和精度还不是很理想。这对战场上士兵心理素质是巨大的考验。如果在敌军冲击时，三排阵列中的士兵有人因慌乱无法完成配合，就会造成整个火器攻击节奏的混乱，严重的甚至会导致火器阵列的溃散。

青出于蓝

在 15 世纪之前，东西方的火器发展基本处在同一起跑线上，15 世纪之后，中国火器的发展进入了停滞期，由于欧洲长期处于战乱之中，客观上促进了火器的发展，封建骑士的铠甲最终被火枪击破。在这一时期，得益于早期全球经济一体化，西方的火器传入东方，而明朝的有志之士在见到西方利器之后也不断学习。

正德与嘉靖，是明朝历史上两个很有代表性的皇帝，一个是典型的玩乐主义，另一位则将帝王心术演绎到了巅峰。这两个时代交替之际，也是西方殖民者叩响中国大门的时刻。正德末年到嘉靖元年，葡萄牙与明朝政府爆发了两次武装战争，分别为屯门之战和西草湾之战。虽然明军大败葡萄牙人，但在第一次交战中，葡萄牙人先进的火器让明军吃了不小的亏，战后明军缴获了葡萄牙人的火炮，战场指挥官，时任提刑按察使的汪鋐对弗朗机炮的威力印象深刻，他建议朝廷仿制弗朗机炮。

这种西式火炮在当时算是比较先进的火器，明朝官员用葡萄牙的国名的音译来命名这种火炮。佛朗机大炮采用铜铸造，重量在一百到一千余斤不等。其先进之处在于采用了母子铳管，子铳用铁，母铳用铜，子铳则类似于炮弹，其口径要小于母铳，内装火药和弹丸，便于携带，使用时，只需要将子铳塞入母铳，点燃火药，便能发射炮弹。这种火炮炮身细长，炮弹更换便捷，射速快，射程约在三百米左右，威力巨大。汪鋐在战后推广、仿制佛朗机炮，让明军的装备有了质的提高。在后来的西草湾之战中，明军仿制的新式火炮起到了至关重要的作用。明军的战舰装备了仿造的佛朗机炮，在炮战中还击中一艘葡萄牙战舰的火药库，还引发了爆炸。指挥使柯荣凭借此炮击溃了前来进犯的葡萄牙舰队，

明朝政府对外来先进科技的态度是开放的。在嘉靖七年，公元 1528 年，中国仿制的佛朗机炮出现在了边境的要塞上，这些火炮经过改良，炮身更为轻便。中国官员翁万达在佛郎机炮的基础上开发出了炮身更短、射速更快的"先锋炮"，用来巩固边防。戚继光也对佛郎机炮的种类、用途、装药量进行了细致的划分。热兵器成为明军的常规手段。

红夷大炮

天启六年，公元 1626 年，宁远。

城下的士兵如潮水般涌来，在人群中一辆辆包裹着厚实牛皮的楯车缓缓移动，这种防御性很强的"移动城堡"是后金攻城的法宝，在之前的战斗中屡试不爽。就在后金士兵冲锋时，突然从宁远城上传来了一阵巨响，还没等城下的人反应过来，一辆楯车被击得粉碎。随后城墙上又响起了一阵阵怒吼，伴随着怒吼的是城墙上的垛口喷射出一条条火龙，让城下的士兵无力招架。宁远之战明军大胜，而立下汗马功劳的守城利器，就是城上的红夷大炮。这种荷兰人带来的大炮，因为荷兰人被称为"红毛夷"而得名。

由于明末局势之紧张，明政府更加注重武器装备的引进和开发，试图挽回颓势。红夷大炮威力大，射程远，为了仿制好这一利器，明朝政府从政府层面主导，在徐光启、李之藻主持下向西方购买先进大炮进行研究、仿制。因为现代火器属于物理学、化学等多种学科结合的产物，所以在仿制过程中，徐光启等人接触到了《西洋火器法》等著作，传教士汤若望还与焦勖合作译述了《火攻挈要》。在新式火炮的制作过程中，明朝政府聘请了葡萄牙人作为顾问，明末的火器技术得到进一步的提升。

明朝政府研制的红夷大炮炮管长，管壁厚，在炮身的重心处两侧有圆柱形的炮耳，让火炮可以调节仰角，配合火药用量改变射程，最大射程可达五公里。得益于先进的金属铸造技术，明朝政府研制的红夷大炮采用铜体铁芯，这样可以在减轻重量的前提下保障火炮的发射成功率。葡萄牙裔东亚历史学家托尼奥·安德拉德（Andrade Tonio）曾称明朝仿制并改进的铜铁复合红夷大炮是十七世纪全世界最好的火炮之一。

"加特林"

除了火炮之外，在明代中国还大量装备了风靡亚洲的单兵火器——火绳枪。嘉靖年间，欧洲改良后的火绳枪传入中国，这种威力巨大的实战武器引起了明朝政府的重视。在嘉靖三十七年，公元 1558 年，明朝政府下令制作超过一万只火绳枪，而戚继光则将这种火器进行了系统性的研究与装备。

首先他对火绳枪的装药步骤进行了规范化，并且把每次射击的火药都进行定量分装，这样就加快了射速并且更加安全。虽然这一时期的火绳枪经过改进，但是装弹和射击过程仍旧十分繁琐，因此戚继光意识到只有大规模的列装这种火器并且团队配合使用，才能发挥火绳枪最大的威力。在他的规划中，一个步兵作战单位的人数应该在两千七百人，其中百分之四十的人应当装备火绳枪。公元1560年他在自己的兵书著作《纪效新书》中详细描述了火绳枪分队列进行射击的阵法。除了火绳枪之外，戚继光还发明了"自行火炮"——将佛郎机炮装载在战车上，由牲畜驱动，战时可随军冲锋。

火绳枪传入中国后，中国人在其基础之上不断改进。明代火器专家赵士桢改进后的火绳枪精度更高，且具有一定的防雨防风性能。他还发明出了明代的"加特林机枪"——将多支火绳枪组合在一起，轮流点火发射。值得一提的是明末军事家毕懋康已经能够生产出燧发枪——"自生火铳"。

不但如此，明代的火器理论研究也达到了一个新高度，《神器谱》《西法神机》《火攻挈要》等都是针对火器制造与使用的专著。17世纪中叶，尽管大明王朝行将就木，但其军事实力仍旧处于世界领先水平。在海上，郑芝龙的舰队拥有大量经改良后的中式战舰，这些战舰体型庞大，通常由两层甲板组成，一般能装备三十六门红夷大炮，发射九公斤重的弹药；在陆地，不论是火器营还是吴三桂的关宁铁骑都令后金胆寒，但即便如此大明王朝仍然不可挽回地走向了灭亡。

第三节
城镇崛起——农业与商业帝国

明代经济的发展让传统生产关系发生变化，催生了市民阶层、商帮与牙商。大明王朝商业繁荣，无数城镇遍地开花。

"粪变金"

明永乐年间，浙江。

"七山一水两分田"的自然条件，让苦于谋生的人们只能把目光投向土地之外，于是诞生了巨富"沈三万"和声名远播的龙游商帮、宁波商帮。清初徐震在《照世杯》中写了这样一个故事：相传有位穆姓太公，斥资在家乡附近修起了一座新式建筑，建筑内错落有致遍布着一样大小的坑位，墙壁被粉刷一新，且贴满了诗文。

千万不要以为这是吟诗作赋的场所，这是穆太公修建的"公厕"。到这里如厕穆太公还会贴心地提供厕纸，当然他这样做绝对不是在做公益。随着公厕的粪便越来越多穆太公便将这些"农家肥"卖给了周边的农户，生意火爆，供不应求，穆太公每年仅靠"卖肥"就能大赚一笔。可见，在那时，生意头脑便能帮助普通人成功致富。这个时期中国是世界最大的经济体，明代的农业技术也在全球独占鳌头。即便进入十八世纪，法国国务大臣贝尔旦（Bertin）也不得不承认中国的农业生产力仍然领先于法国。

明帝国随着经济的发展，人口激增，人口数量超过了一亿人。明代的农业取得了令人瞩目的成绩，农业科技的进步让粮食产量得到巨大提升。据统计明万历年间，我国耕地面积约为七点六亿亩，粮食亩产量约为二百四十斤。

这一时期，水稻和小麦变为主要的粮食作物。水稻的生产中心也由长江下游的江浙地区转移到长江中游的湖广地区，有"湖广熟，天下足"一说。除此之外，四川、江西的稻米生产技术也很发达。多熟种植在闽浙地区发展起来，并诞生间作、混作等新的复种技术——让晚稻和早稻有一段共生时间，用来延长晚稻的生长期，达到种双季稻的效果。另一种重要的粮食作物——小麦生产技术也有发展，明代已经出现"一麦抵三秋"的民谚，在有些土地肥沃的地区已经开始种植秋麦。

此时的农户们对于养护地力、用养结合已经有了丰富的经验。他们发现豆类作物可以很好地增加土壤的肥力，因此会安排大豆、绿豆、蚕豆等豆类作物参加轮作，这样既不耽误种植粮食，又能让土壤得到休养。在水稻种植区，水旱轮作的方法也普遍推广，同样能保养土地，减轻病虫害和草害。

明朝时，人们已经掌握了堆肥技术，人、畜、鸟、草等多种肥料的混合施用，极大提高了粮食的产量和质量。这也是《照世杯》中，穆太公卖粪生意火爆的时代背景。在土地灌溉方面，很多新式工具的发明和使用也明显提高了灌溉效率。在淮河流域，很多地方使用风车灌溉农田，徐光启在《农政全书》中描述的"龙骨木斗"，也在华北平原广泛应用于灌溉。明朝政府对农田水利设施极为重视，农业的发展是人口增长的重要动力。

早在明朝初年，朱元璋就下令设立督水营田司，主导兴建与维护大型水利工程。朱元璋组织了多次大规模工程建设，如疏导陕西泾阳洪渠堰，保障了泾阳、高陵、临潼二百余里的土地灌溉；征发民工二十五万人修筑崇明、海门的大堤；派遣民工三十六万开凿江南河道等。后继的永乐、弘治等朝均对水利工程的兴修和维护十分重视。永乐帝启用夏元吉主持工程，发十万民夫疏浚了吴淞江，让此地成了种粮沃土。弘治二年，公元1489年，黄河在开封及荆隆口[1]决堤，明朝政府征集民夫二十五万修治黄河，命户部侍郎白昂主持工程。白昂采用"北堵南疏"的策略，在黄河以北的沿线地区修筑堤坝，在南岸地区广挖运河，分流洪峰压力。他沿河南阳武修筑长堤，同时疏通宿州古汴河，引黄河水入汴河，再由人工开掘线路将汴河与淮河连接起来，使黄河经由淮河入海，让饱受洪涝灾害的河南等地迎来了长达半个多世纪的安宁。

明朝的劳动人民努力改造大自然，让居住地变得更加宜居，在洞庭湖区，农户在洞庭湖北修筑堤防阻挡江河之水，在洞庭湖南修建圩堤围垦湖中之田，称之为"垸

---

[1] 即金龙口，在今河南封丘县西南。

田"。在北方，人们开始将滨海盐碱地改造为良田。在内地山区，土地也被陆续开垦出来。

明代中叶开始出现的"人力犁"，也变相弥补了耕畜的缺乏。成化年间，陕西遇连年旱灾，耕牛严重缺乏，农业生产进行困难，时任陕西总督的李衍"取牛耕之耒耜，反观索玩，量为增损，易其机发"，制成五种"木牛"，分别称为"坐犁""推犁""抬犁""抗活"和"肩犁"，这些发明让两三人一日便可耕田三四亩地。天启年间，王徵又做了"代耕架"，并撰有《代耕图说》。除了农业技术的提高外，政府组织了大规模的人口迁徙以开发荒地，新农田的开垦也是农产品增量的重要原因之一。

洪武年间，山西境内，人们拖家带口，从四面八方前往临汾盆地北部洪洞县的一颗大槐树下聚集。这些人根据皇帝的诏令，将在这棵大槐树下登记，取得路引，之后他们将告别自己的家乡，前往别处屯田居住，这就是洪武年间政府组织的大规模人口迁徙。明朝初年，因为之前长期的战乱，河北、山东等地出现了白骨露于野、千里无鸡鸣的景象，而汾河谷地中的太原、临汾等地土地肥沃，风调雨顺，周边又有太行山为屏障，使得这里少受战乱，成为"世外桃源"，是北方人口的聚集地之一。

因此政府将山西的人口迁往河北、山东、湖北、安徽等地，也留下了"问我祖先来何处？山西洪洞大槐树"的民谣。

明朝，我国的耕地面积大大增加，由宋朝的约五点六亿亩增加到七点八四亿亩。值得一提的是在开荒的过程中，很多之前产量不高的土地如盐碱地，经过土地改良后，也被用于种植麻、烟、茶、漆等作物的种植。

都爱吃的"烤番薯"

"在那里有一片土地，种植着一种作物，它们结的果实有点像小麦，当地人称之为麦子"，这是哥伦布在公元1492年日记中所记述的文字。欧洲的船员们对哥伦布描述的这种植物赞不绝口，他们返航时还带上了一包这种植物的果实，将其作为献给西班牙国王的礼物，它就是玉米。几十年后玉米从伊比利亚半岛跨越半个地球来到中国。坊间流行的明代小说《金瓶梅》中有一段描写宴会的记录"登时四盘四碗拿来，桌上摆了许多嘎饭，吃不了；又是两大盘玉米面鹅油蒸饼堆集的。"其中"玉米面"这个词的出现，表明玉米随着全球贸易已经传播到了我国，且走进了寻常百姓家。不仅是玉米，番薯和马铃薯也在明朝传入了中国。徐光启在《农政全书》中列举了番薯高产、繁殖快、食用简便、抗虫害等一系列优点，并建议大力推广。其中番薯抗涝、耐旱、耐瘠等特性，让它成为农业环境不佳地区的优选作物。番薯也符合中国人的口味，酷爱美食的中国人将它做成了烤番薯、番薯粥、番薯粉。这种神奇的食物价格还很便宜，明代史学家何乔远在《闽书》中记载，在泉州，番薯"斤不值一钱，二斤而可饱矣"。16世纪末，福建发生饥荒，巡抚金学曾大力推广种植番薯，使饥民得以度荒。

玉米、番薯、马铃薯等作物的引进对农业生产意义巨大，使明代的适耕土地得到了很大扩展，为明代人口增长提供了重要的粮食保障。这一时期辣椒、西红柿等蔬菜也进入中国，成为我国居民餐桌上的菜肴。明代还培育出了结球白菜，即今天的大白菜，它不但为我国人民所喜爱，而且被世界各国广泛引种。

另一方面，在明代经济作物大量种植和农业技术的提升也成了明代农业一个显著特点。芝麻、油菜和大豆等油料作物的广泛种植，让油坊成了城市中重要的手工作坊。大豆既可以榨油，又能处理成豆饼，豆渣是优质肥料和饲料，因此大豆成为明代的重要农作物。制糖业也有了很大的发展，福建、广东等地大面积种植甘蔗，广东种蔗"连岗接埠，一望丛若卢苇"。四川内江发展成西南最大的糖业基地。台湾省的制糖业在明末发展极为迅速，甚至赶超大陆。蔗糖也成为明代重要的商品，除了供给国内，许多西方国家每年从中国进口大量蔗糖。

HR 很重要

崇祯年间，湖州府归安县[1]，沈家大宅。

正值年末，作为一家之主的沈氏在堂屋中翻看着桌上一本厚厚的账册。俗话说"不当家不知柴米贵"，作为"沈氏集团"的"CEO"，沈氏正在全神贯注地计算着这个大家庭一年的用度，而其中最重要的一部分支出就是"工资"。

湖州是江南经济重地，是支撑大明帝国财政收入的重要税源地之一，这里的人们从年初起就没有停止过劳

---

[1] 今浙江省湖州市。

作——三月种田，修备水利农具和桑植器具、四月采购与制作肥料、六七月采桑育蚕、十月储备肥料。除此之外，蓄养家禽、种瓜养菜、酿酒制砖等一系列工作也在一年中有条不紊地穿插进行。

作为"CEO"，沈氏颇有商业头脑，除了农桑之外，家族还经营着加工、畜牧业和渔业，俨然是一个农业集团。如此庞杂的工作，单靠沈氏一家人是不可能完成的。因此和现代的大公司一样，为了完成一年的经营任务，招聘是重中之重。沈家在一年的生产运转中，要雇佣大量的、有技术能力的长短工来进行农事生产，而这绝非一件容易的事情，因为在明朝中后期，工人的维权意识已经相当强烈，而沈氏也绝对算得上是一位合格的项目负责人，懂得激励员工。

我们来看看沈氏集团是怎样对待工人的——饭食点心不但供应充足，而且质量也很高，猪肠、鱼肉等荤菜也经常出现在工人的食谱中。遇上重活累活，荤菜基本会天天供给，工钱也是日结，从不拖欠。沈氏深知只有有效的采用经济手段激励，才能最大程度发挥工人的积极性。不仅如此，沈氏还和雇工们签订"劳动合同"，以此来明确双方的权责。当时的"制式合同"大体如下：

"立工约人某，今因家无生理，将身出雇与某名下一年杂工。议定每月工银若干，其银陆续支用。如或抽拨工夫，照日除算。恐有不测祸患，皆系天命，与主家无干。今欲有凭，立此文约为照。"待遇、岗位、责职、意外条款可以说面面俱到。看到这里你是不是有点穿越的感觉？没错，这就是发生在距离我们四百年前的明朝。

商业化和货币化这两只无形的手，把明代的封建等级制度逐渐撕裂，身份自由的雇工队伍越来越壮大，在各行各业都出现了专门受雇于人的"专业工人"。如在温州、台州渔汛之时，会有专门捕鱼的"渔工"，湖州府有专门的纺织工，松江府有专门的采棉工。张居正在全国范围内推广"一条鞭法"[1]之后，赋税和徭役以货币形式缴纳，一方面带动了商品经济的发展，另一方面解除了农民对土地的依附，产生了大量的无生产资料的雇佣工人。市民阶级也在这一时期兴起，这一阶层的出现也推动着明朝社会政治和文化向多元化发展。市民阶级的

---

[1] 一条鞭法是明代嘉靖时期确立的赋税及徭役制度，新法规定：把各州县的田赋、徭役以及其他杂征总为一条，合并征收银两，按田亩折算缴纳。这样大大简化了税制。

地位空前提高，他们开始参与政治，通过各种方式来表达自己的诉求和意见，面对政府的腐败和横征暴敛，多次爆发抵抗运动，这使得政府不得不重视市民阶级的利益和诉求。与此同时，市民阶级也填充到社会生产活动中，他们从事的手工业、商业等，创造了巨大的财富总额。明代市民的知识水平和文化素质相对较高，这一群体对精神生活的需求也促进了明代文化领域的空前繁荣。文学、戏曲、绘画、建筑等领域生机勃勃，富有生命力和创造力。

在明代中后期，制瓷业、金属冶炼、纺织业、制糖业、酿酒业、烟草制造等手工业都趋向成熟。在这些行业中，商业资本的力量开始显露，出现了很多商业作坊和手工工场，商品的生产开始出现供应链趋势。如在隆庆年间，山西潞州是北方的纺织业中心，而这里的原材料基本由四川的阆中供应；传统的闽越纺织中心的原材料则来自湖州；陕西、山西的酿酒业的原材料由河南的小麦商供应。在这些行业中，早已摆脱了以家庭为中心的作坊式生产，很多大厂雇工上百不止。比如山东济宁的六家烟草工厂，在生产忙碌时，雇工总数达到了四千余人。

工商业的聚集也促进了城市的发展。在明朝政府两京一十三省的疆域内，城镇如雨后春笋般拔地而起。除了之前传统的大城市之外，靠商贸形成的城镇比比皆是。如吴江的同里镇、平望镇，皆是商贾云集；江西的河口，到了万历年间发展成为商贾无数的大型城镇；山东清源市集上，商贾往来不绝、摩肩接踵；广东佛山灯火昼夜不息。这些大型人口聚集地往往是手工业中心和商贸中心。

明代的中国已经成了世界上城镇数量最多的国家之一，大型的府城就超过了一百五十个，其中北京、南京、苏州、杭州、开封成了人口百万的特大城市。人口在十万左右的县城更是多达一千多座。

伴随繁荣的商业一同出现的，还有商帮。

新安商人

明代南直隶皖南地区位于东南丘陵的崇山峻岭之中，这里"七山一水两分田"的地理特征让传统的耕种很难维持。但是皖南地区处于"十字路口"，得天独厚的位置让这里"上接闽广，下连苏杭"，于是徽州人的笔墨纸砚、扬州的食盐、松江的棉布、湖广的粮食成了这一地区商人经商的雄厚货源，历史上声名显赫的"徽商"应运而生。"新安商贾，鱼盐为业"，徽商走南闯北，带动了全国的商贸物流。徽商在经营中还采用了现代商业经营的"合伙制"，按股份经营，约定"苦乐均受"。整个经营团队还配有"职业经理人"。经商团队从管理层到基层力工全部属于雇佣关系。而在中国北方，晋商、陕商则成了影响一方的商业势力。商业的快速发展，让市场上出现了专门赚取差价的"中间商"——牙商。在嘉靖年间，仅仅在山东莱芜就有二百多牙商。

明代中后期，商业资本已经成了社会经济重要的组成部分，商人凭借自己的头脑和努力获取了巨额财富，这一时期商人的社会地位也空前提高，"工商皆本"成了明代中后期社会认可的主流理念。不仅如此，明显的区域分工，商业经营上的雇佣制、合伙制的出现和普及，都标志着明代中后期封建制度下的资本主义商业达到了一个前所未有的高度。

繁荣的城市，大量的市民，众多的手工工场和雇工，那么为什么明代没有最终诞生真正意义上的资本主义和资产阶级呢？是因为"历史的惯性"。长期以来的封建集权和农耕文明，让资本主义丧失了发展的土壤，自古以来，社会主流阶层"士农工商"中，商业一直被列为社会末流。即便明末商人的社会地位有了很大提高，但是在政治上，商人从来没有真正获得过权力的认可。政治反作用于经济，当时的政治制度决定了不可能让商人做大。在"普天之下莫非王土"的封建集权社会中，如商人一般，靠交换就能取利生存的阶层令统治者恐惧，商业的自由属性本身就是对封建统治的挑衅。

这就是为什么明末的商贾就算再有实力，都要在教育上进行巨额投资。因为只有实现下一代成功入仕，家族才更有可能得到庇护，延续下去，才能为财富找到制度上的保障。封建社会"仕"为本，在封建王朝，没有任何财富能脱离皇权存在。在封建集权状态下，商人的财富几乎没有任何保障，欲予欲夺皆在皇权一念之间，权力可以带来无限的财富，也能实现财富的再分配，明代的商业再发达也只不过是商业经济的低端形态。

秦淮河上的商贾云集，纸醉金迷，不过是虚幻的外衣而已。商人群体再强势，也只能服务于封建统治阶级，通过财富交换实现身份的交换，而非阶级的壮大。如此看来，明代富商的奢靡生活与荒诞行为，何尝不是对现实无奈的一种宣泄呢？

第四节
官僚和乡绅——权力游戏

乡绅管理基层，官僚连接中枢。

权力真空

明朝，中央权力和地方权力掌握在官僚和乡绅手中，乡绅掌握基层，官僚决定中枢。

现在有人说："年轻人不要给自己太大压力，感觉累的时候要学会让自己休息"。但如果你出生在明洪武时期，那么这几乎是不可能实现的，因为明太祖朱元璋最讨厌的就是休息！在他亲自编撰的明代法典《大诰》中规定，对于无业游民要训诫，要让他们找到事情做，不然就拿送官府。出身底层的明太祖深知无业游民是社会最大的不稳定因素。他希望社会的每一位成员都有自己固定的角色，四民之业世代相传，永不越界。控制欲极强的朱元璋试图在社会中编织一张巨大而无形的网，把每一个人都嵌入到网格中。保甲制度在明初得到了空前强化，帝国一里之内的居民都有义务互相监督，一损俱损。"理想很丰满，现实很骨感"，随着明代中后期土地兼并和商品经济的发展，人身对土地的依附越来越松，里甲制度已经不能很好地实现对基层的管制了，怎样实现对多如牛毛的乡村管理成了一个棘手的问题。

封建社会交通不畅，在中国幅员辽阔的土地上星罗棋布着大大小小的乡村，如果将官员直接派遣到这些地方，那么管理成本将高得不可想象。从秦朝开始施行郡县制，官家到县，而县以下则出现了权力真空。"皇权不下乡"成了一种既无奈也危险的现实，那么怎样对底层民众实现管控呢？一种方式是利用教化劝诫底层人民归顺，朱元璋在立朝之初就大力兴办乡学，树立道德模范。但是教化的手段毕竟太过"文雅"，如果碰见地痞、恶霸之流，教化的功能就不起作用了，因此必须有人成为权力的代言人，管理地方事务。

致仕的大儒、落榜的士子、地方庞大家族势力的族长这些人构成的"乡绅"阶层成了皇权触及底层最佳的群体。历朝历代有很多不得志的文人辞官后在家乡一边耕读，一边参与家乡建设，形成了"耕读文化"。而在明朝，更多的士人以办学的形式参与地方教化与管理。这些人有的虽然与当时的主流政见不合，但是他们大多是科举出身，有文化，认同封建统治的规则，又拥有威望，所以他们代行官府的权力和义务，也是对自己既得利益的保护。于是县以下的"民治"成了弥补权力真空的最佳方式。

当然，权力越大，责任就越大。

他们虽然是权力的代言人，但是没有正式的政府授权，因此"威望"是他们在乡间立足，一呼百应的重要前提。修路筑渠，捐款赈灾，保卫安全等事项就成了他们义不容辞的工作，通过这些事务，他们在自己的领地能得到巩固，维系着与乡民、官府的关系。

很多地方的乡绅以家族为根基，经过几代人的经营在地方形成了庞大的势力，不但如此，这些乡绅们通常有朝中的势力帮忙照顾周全。乡绅很多是地主阶级，他们占有大量的土地和生产资料，本应该是国家的"纳税"大户。但明代的乡绅很大一部分是生员或是致仕回乡的官员，拥有减免赋役的特殊权力，他们还常常在乡里兼并土地。如嘉靖时期的阁臣徐阶，其宗族在家乡拥有的田地多达几万亩。在掌握着巨大的生产资料同时，这些人还经常"偷税漏税"，这也是导致明代中后期财政枯竭的重要原因。由于乡绅巨大的影响力，地方官在施政时也往往需要参考乡绅的意见。虽然县令在中国历史上被称为"土皇帝"，集一县行政、军政、民政、司法、督察等权力于一身，但是很多地方新官上任后，要先拜访当地的乡绅以求得支持。而如果地方官"不听话"，乡绅们也会千方百计地让他"失业"。

乡绅是儒家文化和皇权的忠实信徒，他们在乡村社会中逐渐确立了领导地位。有很多地方家族的族长本身就是首席乡绅。乡绅们在自己的家乡兴办学校、组织团练、兴修水利，全面操控着乡村的政治与经济，甚至是武装力量。这股势力是皇权统治在社会底层的延伸，是乡村社会的实际统治者。

乡绅是在封建皇权下诞生的一个特殊阶级，因此也具有封建的属性。在一乡一镇中，他们是"无冕之王"，垄断了地方的文教、经济、武装等资源，其掌握的权力弹性十足。在毫无监督机制的情况下，一方百姓是否能够过好就只能祈求摊上一位"好邻居"了。有的乡绅心怀理想，造福家乡，常有捐助、教化乡里、维护治安、兴修工程等善举，真正为一方谋福利；当然也有的乡绅会巧取豪夺、贻害一方。而在社会大环境动荡的明朝末期，这些土豪劣绅们自然而然加快了王朝的覆灭。

尾大不掉

崇祯十七年，公元 1644 年，北京。此时大明帝国户部的银库中只剩下白银四十万两。李自成的农民军已经兵临城下，大臣们建议皇帝从内帑银中先拿出钱来充军费，以解燃眉之急。崇祯帝却把皮球踢了回去，要求大臣们捐款共度国难。他还授意岳父嘉定伯周奎带头捐款。本想岳父能够为了"自家天下"带头树个好榜样，谁知周奎竟只出了一万两银，崇祯帝嫌少，勒令其多捐，周奎向后宫的女儿孝节周皇后求助，周皇后顾全大局，给了他五千两银子，让他上缴国库，结果周奎只交出两千两白银，让崇祯皇帝哭笑不得[1]。整个捐款的过程文官

---

[1] 周奎捐款一事，谈迁的《国榷》和陈济生的《再生记略》都有记载。

集团十分消极，忙活了一阵皇帝只筹得了白银二十万两。然而就在不久之后李自成攻下北京，用残酷的手段让北京的官员士绅们吐出了白银将近八千万两！在明帝国最后的日子里，代表封建地主阶级的官僚集团不但没有戮力同心为挽回败局努力，反而表现得自私至极。每每遇到重大决策时，他们装傻充愣，或者和稀泥，一次又一次地错失重大机遇。比如在崇祯十七年初，公元1644年，皇帝一度想调关宁铁骑入关应付危局，征求大臣们的意见，但是以首辅陈演为代表的文官竟然将此事交付众臣讨论，且要求置喙各地的督抚征求意见。当然群臣的表现也与崇祯帝一贯喜欢"甩锅"离不开干系，因为害怕担责，索性大家就很有默契地一起沉默。

文官集团在明代中后期已经形成尾大不掉之势。

在封建集权王朝，长期存在皇权与相权之争，进入明朝，随着朱元璋废丞相设六部，从根源上解决了这一问题，但是新的问题又来了。废掉丞相，意味着皇帝要亲自处理冗繁的国家事务，工作量大得惊人。朱元璋在立朝初期，每天都要批阅几十万字的奏章，熬夜加班是家常便饭。一次户部尚书茹太素上奏了一份"万言书"，朱元璋实在忍不住，气得让人打了他一顿板子。到了明成祖时代，永乐帝开始设内阁，任命阁臣帮助皇帝处理政务。

明代皇权达到了顶峰，但是皇帝所有的旨意都要靠大臣们传达和执行，庞大的帝国也要靠以内阁为首的官僚集团来进行运转，因此有可能出现皇帝权力被架空或者被官僚集团挟持的情况。

明帝国中枢的运行机制是以皇帝为首脑，下设以司礼监为首的内廷和以内阁为首的文官集团构成的三角模式。重大事项先送到内阁处由阁臣审阅，官员们用墨水将处理意见书写在一张小票上，呈递皇上批阅，称为"票拟"。可以说几乎天下大事都要经阁臣之手，内阁的"票拟"起草完毕，皇帝审阅之后会用赤色的墨水标注，称"批红"。明朝中后期由于数位皇帝贪于修道、玩乐，逐渐将"批红"的权力交给司礼监。皇帝如果对内阁的票拟不满意可以驳回，或者"留中不发"。明朝也有一套完备的监察制度，其中六科给事中虽然是七品职务，但是其手中的权力却很大，他们具有封驳、监察、选官、廷议等诸多权力。其中封驳指的是将处理不当的诏书驳回重新拟定，如此大的权力让上至皇帝下至百官对他们都要忌惮三分。如此一来，明朝的官僚机构包揽了政策制定与监察的大权，但也正是因为官僚体系的完备，才使得在明朝中后期虽然多朝皇帝懒政，但仍旧能保障国家机器正常运转。

明朝的科举制度为官员的输送建立了一条规范的"流水线"，但并不是所有读书人都能够轻易地走上这条流水线"打螺丝"。有人的地方就有江湖，更何况是"庙堂之高"。各地的豪强士绅为了维护自身的既得利益，聚集优质的教育资源，努力把后代送上仕途，也有些人近水楼台先得月，利用手中的资源拉拢权力中枢的同乡、远亲等，以结成利益团体。在实际的行政考核中，同乡、同门经常会互相照顾。特别是在明朝中后期，人们更是毫不避讳地将做官视作发家致富的一条捷径。入仕后都希望能够到"油水多"的部门任职，如果不幸被分配到了"清水衙门"，便会感叹时运不济。这些官员以自己或自己家族的利益为先，这是他们施政过程中的重要考量之一。如果对集团利益有所损害，即便是皇帝提出的方略，官员们也会以各种各样的手段和借口进行阻挠，比如对郑和下西洋的反对。文官势力之大，让皇帝苦恼不已。另一方面，明朝理学达到一个新的高峰，"三纲五常"成为士人需要恪守的基本道德底线，很多文官以捍卫儒家纲常为己任，就算面对皇帝也不惜"硬刚"。

嘉靖三年，公元 1524 年，七月的一天，北京左顺门现场一片狼藉，血迹斑斑。就在这天，明世宗诏令锦衣卫前往左顺门，将请愿的大臣们逮入诏狱。此次事件中，五品以下受杖者有一百八十多人，其中十七人被打死。杨慎（杨廷和之子）、张原等示威活动的组织者的惩罚尤其重，张原当时就被杖死。这场史称"左顺门事件"的惨剧就是大臣们在"大礼议事件"中和皇权抗争的结果。到了万历年间，又出现了"国本之争"[1]，朝臣与皇帝对抗长达十数年之久。吏部员外郎沈璟、刑部主事孙如法等都因为在"国本之争"重忤逆皇帝被处罚。年近六十的礼部尚书洪乃春也被拖到午门外廷杖六十，最后愤郁而死。当然除了"舍生忘死"之外，文官集团还会采用阳奉阴违的形式来欺骗皇帝。虽然皇帝拥有着无限权力，可以任意罢免官员，但是天子面对的不仅是一两个官员，而是这一两个官员背后庞大的文官利益集团。

那么皇帝如何才能不被文官挟持呢？理论上就是亲

---

[1] 国本之争，是明朝明神宗册立太子的问题，由于中国古代历来有"太子者，国之根本"的说法，所以被称为国本之争。

自处理所有的事务，但是这里边也有问题，就是我们前边讲到的皇帝的勤政程度和个人执政素质的问题，这两个缺一不可。崇祯上位后，其就喜欢亲力亲为，不论大小事项，崇祯帝朱由检都会亲自过问，很多事情他都直接作出批示。但他多疑和不稳定的情绪，让他做了一些被世人诟病的事，皇帝高强度参与政治事务，大部分决定悉出皇帝之手，久而久之文官集团变得噤若寒蝉，无所适从。崇祯年间的内阁首辅像走马灯似的轮番调换，很难再有像张居正一样能长时间辅政的阁臣出现。

第四章　摩登时代

第一节
摩登时代——时尚人生

　　盖别墅、"拼豪车"，富商们乐此不疲；艺演天天有、"专辑"卖不停，明代的艺术经济高度商业化，"经纪人"们早已掌握了"流量密码"，明朝的城市生活乐趣多多，欢迎来到摩登时代。

别墅与豪车

　　嘉靖四十四年，公元 1565 年，江西。

　　一座气势恢宏的豪宅失去了往日的喧嚣，但也无法掩饰这座建筑群曾经的高光时刻。豪宅共由三组院落组成，内有祠堂、书院、牌楼、花园、水池，亭台楼阁，雕梁画栋，歇山转角，自然灵动。为了让房屋的主人能在城市的喧嚣中寻找到片刻如乡野的恬静自然，建筑群中还融入了菜园亭屋，真是煞费苦心。这座院落的主人就是明代历史上有名的权臣——严嵩，而这座位于江西省城的宅邸只是严嵩财产的冰山一角。据统计，严家在北京、南昌、分宜、萍乡、扬州等城市都有府邸。在北京的豪宅更是占地数十亩，内有小湖，垂杨桃杏为林。严家在湖边宴请宾客之时，还会让人乘舟捕鱼助兴，真如世外桃源一般。

彼时的明帝国是全世界的经济中心，在明朝中后期，丰富的物质基础和启蒙思想的出现让人们的生活与思想双双"松绑"。与我们想象中封建、刻板的印象不同，明朝中后期人们的生活较以往的朝代来说更为精彩。城市生活多姿多样，时尚奢靡之风盛行，而且绝不仅限于贵族或官僚阶层，是那时的社会普遍现象，好一个摩登时代。

官宦名仕开园筑墅在成化到万历年间一时成风。他们的住所一般为宅邸、别墅和园林，这些建筑最能体现当时士人对居住环境的极致追求。不仅仅是达官显贵，就是寻常百姓对住也有着极高的追求。江南之地稍有财力的家庭宅院多是重檐兽脊、雕梁画栋。

除了住"豪宅"，明朝人们对"豪车"的热情也是丝毫不减。隆庆时期，南京国子监司业景中允常常骑骡子"上班"，引得众人笑话。到了明代中后期，士大夫出行基本一律坐轿，不但要坐轿子，官员和殷实大户出门还有一众随仆前呼后拥，有的多达二三十人。轿子的制作也是十分精美，葡萄牙人克路士曾经在其著作《中国志》中记述："轿子极其华丽，每面都有一扇小窗，有用象牙或者动物骨头制成的窗格"。这些轿子就是那个时代出行的"豪车"，十分懂得享受生活的明朝人还按功能把轿子分为凉轿、暖轿、卧轿。

驴友

万历十六年，公元 1588 年，杭州。

人们三五成群尽往郊野墓园，众人提担挑盒，有大户人家乘轿出行，轿后挂有纸锭。人们在抵达墓地后跪拜哭祭、焚烧纸锭。当祭奠完毕，人们并不急于归家，大多数家庭会调整好心情，他们有的组队寻芳，有的在湖中荡桨，前一刻还愁容满面、后一刻便载歌载舞。彼时杭州正是暮春时节，但见桃柳芳菲，争奇斗艳，湖光相映，如同一幅水墨画。树下，人们围坐聚餐；湖上游船客位被订购一空；秀美山林之间，摩肩接踵，人满为患。渔夫、买卖人、食肆生意火爆异常。人们在和煦春日中流连忘返。这一幕，就是万历年间清明节的场景。

清明节有祭奠先人的习俗，在明朝，这个严肃的节日逐渐与踏春出游的活动相关联，人们祭祖的同时，也在展望新的一年。除了普通民众，明代士大夫们"尚游"在历史上也留下了浓重的一笔。比如明代文学家宋懋澄就是重度"户外爱好者"，如果得知哪一处有美景，不远千里也要赶去游赏。还有我们耳熟能详的"职业游客"——徐霞客，他穷极一生，几乎游遍了祖国的山川名胜。明代文人还喜欢"组团"出游，在近郊出游之时很多人都是重度"装备党"，不但要带上坐毡、茶点、香炉这些雅物，还会带上食盒与好酒，和朋友在美景中开怀畅饮。

潮

洪武元年，公元 1368 年，南京。

市井之中喧闹异常，一大群人在看热闹，不时传出一阵阵赞叹与喝彩声。循声望去，是几个人在蹴鞠。但见他们个个服饰华丽，神采飞扬，足蹬金丝短靴。皮球在他们之间传递，让人赏心悦目。几人正兴起时，突然涌进一帮官差将蹴鞠几人全部锁拿，到了兵马司，这些人全部被砍掉了脚，因为他们的穿衣僭越了。

立朝伊始，朱元璋就下令恢复唐代的衣冠制度。上到皇室官员下至百姓商贾，每个阶层都有严格的服饰制度，对材料、形制、图案、装饰、颜色、尺寸有明确的规定，决不允许僭越。比如官员服饰，规定"头戴乌纱，身着穿圆领袍，腰间束带，脚蹬黑靴"，而根据不同的品阶朝服图案也有区别。其中文官朝服一般绣禽类图案，一二品高官会配仙鹤或锦鸡图案，三四品则为孔雀、云雁等。而武将则以兽类为主，一二品绣狮子，三四品为虎豹。因此民间也将贪官污吏称作"衣冠禽兽"。对于庶民的穿着同样规定严格，可穿杂色盘领衣，但不能绣金、绫罗等，靴子不能缝图案，也不能绣金。服饰制度被明太祖写入《大明律》作为律法严格执行。这也是前边一群人为什么被"卸足"的原因。但如果这群人能生在一百多年后的明朝，那么他们的这身装扮不但不会招来血光之灾，甚至还有可能因为不够"时尚"而被人嘲笑。

万历年间，一位老者进城闲逛之后大受震撼，回到家老泪纵横，写下"遍身女衣者，尽是读书人。"。此句见于李乐写的《见闻杂记》，这位赋闲在家的官员在进城时发现满街的读书人竟然涂脂抹粉，穿着女人的衣服争奇斗艳。标新立异是明朝中后期人们对服饰主流的审美之一。比如松江府的大儒陈继儒就自创了"眉公巾"——用两条飘带束顶，引得江南文人纷纷模仿。在河北大名府，人们则喜欢穿着用马尾编成的裙子，孝宗时期的督查院御史张悦就很喜欢穿马尾衬裙。弘治年间北方盛行"胡风"，这时从官员到百姓早已忘记了朱元璋在服饰上恢复唐制的诏令。每当隆冬之际，男子们纷纷戴上一种高顶卷檐的帽子，这种帽子往往采用兽皮制作，时称"胡帽"；女子身披貂皮制作的顶尖盖额披肩——就是昭君帽。在皑皑白雪之中一身这样的装扮的确很有异域风采。而很多名仕大儒更是有"易服癖"，余怀在《板桥杂记》中，曾写无锡的名士邹公履经常头戴红巾，身穿纸衣。其实衣着的怪诞，有一部分原因是个人审美与猎奇的心理，但同时也表现了当时社会思想的开放，以及个体意识的觉醒。邹公履身穿纸衣招摇过市的时候，何尝不是对传统礼制的一种挑衅呢？

　　在这一时期，明初服饰严格的规制几乎被完全打破。

比如明朝中后期的鞋袜出现了靴头鞋、鞋面浅阔的董鞋、用彩线织成花样的网绣鞋，鞋面上饰金线已经不足为怪了；之前严禁平民穿着的绫罗绸缎也成了很多百姓服饰的主要原材料。随着规制被打破，明朝服饰也是越来越趋向多彩和奢华，紫色、绿色等成为主流服饰颜色，城市的服饰潮流也变化频繁。到了明代中晚期，像苏州、松江等丝织业发达的南方地区，城市衣装基本上是三年一变。除了"穿"，明代人们对"吃"也是情有独钟。

舌尖上的大明

《大学衍义补》是明代著名思想家、经济学家丘濬的著作，该书主要阐述了"人法兼重"等观点。丘濬被誉为明朝"一代文臣之宗"，可能很多人都不知道如此大家还是一个"吃货"。

将糯米洗干净，拌水磨成粉，沥干，随后将米粉和白面按照二比一的比例和匀，再加上馅料再摊熟，这就是著名点心"阁老饼"的做法，相传此糕点的发明者正是丘濬，而明代的美食绝对不是一个"阁老饼"能够囊括的。

明初，在朱元璋一辈的努力下，国家迅速从战乱之中恢复过来，到了洪武二十四年，公元1391年，国家的粮税收入达到了三千两百余万石。其后的历朝明代君王不断加强水利设施建设，更进一步提高了农作物产量。另一方面由于官方与民间和国外频繁的交流，将许多新型农作物如玉米、番薯引进中国，丰富了大众的餐桌。丰富的物产和高度发达的明代城市商业经济让明朝人有条件体会到"舌尖上的中国"。

　　与服饰一样，明朝人的饮食也在立国之初的简朴逐步转变到奢靡。明代中后期，官宦之家普通一餐，菜肴便要数十种以上。无锡大户人家安氏由于喜爱吃鹅，于是便在家宅旁专门修筑一庄子，饲养上千鹅鸭，随时取食。得益于商品经济的发达，有一定经济能力的人家，餐桌上经常可以看到来自全国各地的美食——山东的羊肚菜、秋白梨；福建的福橘、牛皮糖；山西的天花菜；苏州的山楂糕、松子糖；南京的地栗团、莴笋团。除了国内的山珍海味，南方有些地区的人们还从葡萄牙人那里学会了烘烤面包的方法，过足了"洋瘾"。明朝人不但吃的品种多，花样也多。

　　一方水土养育一方人，不同的地域、气候等造就了南北方人不同的口味和饮食习惯。明代在经济逐步恢复和繁荣之后，北方人在小麦收获后，将其制作成饺子、馒头等食物；而南方人经常将粳米配上鱼肉、猪肉做成"荷包饭"。就连清贫之家也会想尽方法烹饪，以追求饮食的"仪式感"——会在熬粥时加入生姜、大葱、米醋等作料，熬制出"神仙粥"。嘉定鸡、金坛鹅、石斑鱼都是明代食客们的最爱。其实广东人尤为喜爱"鱼生"，很多大厨刀法炉火纯青，片出的鱼生薄如蝉翼，口感绝佳。沿海地区的海鲜让内陆人垂涎不已，有赖于发达的水运，很多港口的鱼货通过运河源源不断地送到了全国的餐桌。

艺人很忙

"衣食足而知荣辱"，在吃饱喝足后，明朝市民的精神生活也有了很大的提高。明朝市民的文化素质和识字率相对比较高，同时城镇化的快速发展让市民群体不断增大，市民们在茶余饭后对精神生活的渴求成了刚需，于是明代的"商演"应运而生。

依托于明代繁荣的文学创作，明代"商演"的内容精彩绝伦。《三国》《水浒》这些脍炙人口的经典篇目自不必说，《西厢记》、"三言二拍"[1]等文学作品成了民间艺人经常演出的剧本。有大批的艺人靠说书、口技、演奏谋生。明代著名的评话艺术家柳敬亭经常在扬州、杭州、苏州等地做"巡回演出"，听他说一次评书，就要一两白银的"门票"。即便如此所到之处市民争相前往，一票难求。文学能够广泛地在市民阶层中传播还得益于明代出版业的兴盛。那时刻坊[2]比比皆是，除了经史子集等"教科书"外，小说、戏曲唱本是刻坊的主营业务，而与此对应的，也诞生了专业的"书商"。书商专门寻找具有市场潜力的书籍刊印投放，以敏锐的嗅觉发现"流量密码"。经他们手推介的图书一般都会受到市民阶层的欢迎，在福建建阳甚至出现了成规模的专业图书展会，每年吸引全国各地的书商前来。

不光是图书，绘画也成了市场行为。明代中后期市场经济的繁荣和封建礼制的逐步松绑让"士"与"商"不再有明显的界线阻隔，很多在朝大员甚至纷纷投资商

---

[1] 冯梦龙的《喻世明言》《警世通言》《醒世恒言》以及凌濛初创作的《初刻拍案惊奇》《二刻拍案惊奇》。

[2] 私人印书工坊。

场，驰骋商海。明代中后期，士人普遍将书画作品视为"商品"，名家作画、赋诗，收取润笔费是很正常的事情。明代著名画家唐寅就曾作诗"闲来写就青山卖，不使人间造孽钱。"伴随着明代商业繁荣而来的是商人群体的崛起，他们在拥有巨额的财富之后，内心更加渴求社会地位的提升，有钱人家附庸风雅便也流行开来，商人们巨大的财力和灵活的头脑支撑起了明代繁荣的书画市场。在社会主流人士的影响之下，平民阶层对书画也渐渐开始欣赏与认同，稍有财力的家庭都会在厅堂之中布置字画，可以说书画已经成了人们日常生活中随处可见的一种消费品。

摩登时代

西班牙人拉达统计，16世纪的中国城市数量多达一千七百个。明代画家仇英的《清明上河图》描绘了明朝时期苏州城清明佳节的城市盛景。画面中人物共两千多个，栩栩如生。画作中纵横交错的街道与深宅大院、高大城墙和鳞次栉比的商铺，展示了明代苏州繁华的商品经济。画卷细节中"描金漆器""打造锡器""染坊"

均为明代苏州特色，而极具生活气息的书坊、南货、酒肆、茶楼、皮草行、戏院等体现了明代苏州城市生活的多样性。

夜幕低垂、华灯初上，走在街中人们摩肩接踵、商贾云集。食客们品酒畅谈、粉头妓女弹曲卖唱；绸缎庄里买卖兴隆；茶馆众人全神贯注地听着评书；古玩店里陈设优雅，字画琳琅满目。城市里四方财货尽有、各色人等齐聚，夜夜笙歌，喧嚣异常，好一个摩登时代。

第二节
思想的转变——"启蒙运动"

　　"臣不再为君死节""君子可以讲义而重利",随着经济的发展,明朝社会的价值观正发生着翻天覆地的变化。

中国的"马斯洛"

　　14世纪,意大利,佛罗伦萨。

　　城外大批的尸体散发出阵阵恶臭,每天都有成千上万人病死。人们对此束手无策,信徒们认为这是上帝的惩罚。他们聚集在一起祷告,其中很多人面色惨白不停地咳嗽,有些人经不住刺鼻的气味,肠胃强烈的翻涌,直接呕吐在了人群中。城中不时会出现一群"鸟人",他们披着防油布制成的大衣,双手也用巨大的手套包了起来,脸上则戴着状如鸟嘴的面具。这些人是医生,他们认为这样可以驱走魔鬼与病毒。14世纪欧洲黑死病流行，薄伽丘写出了欧洲文学史上第一部现实主义巨著《十日谈》，意大利近代评论家桑克提斯曾把《十日谈》与但丁的《神曲》并列，而这部作品也吹响了欧洲文艺复兴的号角。两百年后的远东，随着资本主义萌芽的发展，几千年来儒家思想占据主体的东方大陆也迎来了启蒙思潮。

万历年间，一位光头癫僧成了"网红"。他被工部尚书刘东星视为座上宾；公安派[1]袁宏道、袁宗道、袁中道三兄弟都是他的"粉丝"；他经常受邀在全国范围内巡回"讲学"，开讲之时商贩、瓦匠、樵夫都要想办法前往听讲，其火爆程度不亚于现在超级明星的演唱会；他与利玛窦成为莫逆之交，并促成了利玛窦的北京之行，打开了明末中国与西方思想文化交流的大门。这位癫僧不但骨骼清奇，其讲课内容也是与众不同，在当时被一些人视为异端。他认为儒家先圣孔子的言论和思想也有不足之处，孔子也是普通人，而人人都可成为圣人。他提出酒色财气是人的本欲，是正常的需求，而从商求富更

---

[1]　公安派是一个诗歌流派，代表人物有袁宗道、袁宏道、袁中道三兄弟。

是天道。他将《水浒传》与《论语》相提并论，认为鲁智深的"酒肉穿肠过，佛祖心中留"才是真禅。这位癫狂的大师就是李贽，明朝著名的思想家、文学家，泰州学派[1]的一代宗师。

明代中后期商品经济快速发展，让社会思想出现了新的变革，对传统儒家思想形成了冲击。针对"性本善"，李贽就提出童心说，他对理学"存天理，灭人欲"的思想极为不赞成，强调应该顺应本性，率性而为。另一方面他认可人性自私的一面，反对不切实际地谈论理想道德。他在晚年出版著作《藏书》，对盲目推崇圣人之言的儒学教条进行批评。他肯定了追求各种利益是人的本性和权利，这样的思想在明代中晚期引起了巨大冲击，而《藏书》在明清两代更是被列为禁书。明代随着资本主义萌芽和商品经济的发展，商人的地位有了明显提高，像泰州学派创始人王艮等学术宗师都有过从商经历。在启蒙思想的影响下，"重义轻利"的这种传统的理念开始被

---

[1] 泰州学派是一个真正意义上的思想启蒙学派，它发扬了王守仁的心学思想，反对束缚人性，引领了明朝后期的思想解放潮流。

诟病，而义利并重的思想逐渐被接受。"利是生存之本"不仅是当时社会中"非主流"哲学，很多朝廷重臣也逐渐认可这种论调。比如明代中期重臣、哲学家黄绾就认为义利相辅相成，充分的物质保障才是人"自守"的重要前提，只有在衣食无忧的情况下人才能在精神、道德、事业上追求全身心、正向的投入。这与美国心理学家马斯洛提出的"马斯洛需求理论"十分相似。

长期以来中国封建大一统王朝一直以物产丰富，上国自居，因此在对于利的观点上都比较避讳，以"为国者不言利为高"。特别是在对外交往中一直以"厚往薄来"为原则，但是到了成化年以后，在国家层面的经济管理也出现了较为明显的趋利表现。名臣高拱曾明确指出理财是王政的要务，出于公心、为国家有益而正当的理财是合乎义之举。

明代中后期社会普遍流行重商思想，这是在以农为本的封建社会少有的现象。从王阳明开始就给出了"四民异业而同道"的肯定。甚至就连明朝的官员典范，恪守封建礼制的海瑞也表示商贾经营谋生本来就是孔门王道，他还给出了"商贾通焉而资天下"的评价，对商人的地位和重要性给予了肯定。有明一代，人们认为从商是合法正当的职业，商人的付出和对社会的贡献都是被认可的。值得一提的是随着商业和经济的发展，追求更高的生活质量，甚至奢靡地生活成了一种合理的现象。明代思想家陆楫还提出与传统的"黜奢崇俭"论不同的观点，他认为消费是拉动社会经济的重要手段，节俭仅对个人和家庭有利，而从长期发展角度考虑则对社会有严重损害。陆楫认为富人奢侈可以增加穷人的"就业岗位"，这种思想与现代经济学中的消费拉动经济增长的概念十分相似。陆楫崇尚奢华反对节俭的言论从一定程度上是明中叶后商品货币经济发展的思想表现。

做自己的王

经济决定政治，明代政治思想更是反映了明代经济开放的状况，其中最重要的思想就是对君主专制的质疑。明清交替之际诞生了一本"奇书"，尺度之大令人咋舌，如果说之前提到的李贽的《藏书》动摇了儒家思想根本的话，那么这本书则直击封建王朝的统治。在这本书中出现了"为天下之大害者君而已矣"的理念，不仅如此，书中还强调了"天下为主，君为客"，坦言人民是国家的主人。这本奇书就是被誉为"东方人权宣言"的《明夷待访录》，他的作者是明清之际被称为"南雷先生"的启蒙思想家黄宗羲。黄宗羲的民主启蒙思想在有着几千年封建君主专制的社会里无疑是一声惊雷。除了反对君主专制，他还提出了限制君主专权的办法，就是再立丞相进行分权，让学校成为思想与言论的发源之地，并成为议政与舆论监督的工具，类似于现在的"新闻系统"。除了政治理念，在经济上，面对明末土地兼并日益严重的情况，他提出了"均田"的思想。同一时期持有类似思想的思想家还有顾炎武、王夫之等。如顾炎武明确了"国"和"天下"的区别，强调了民众是天下的主人，提出分权予地方以制衡君主专权。

在传统儒家思想中，"三纲五常"是最基本的道德底线。"天地君亲师"，君王的重要性甚至排在了父母之前。"君要臣死臣不得不死"是君臣大义的直接表现。然而明代大臣黄绾竟然提出了"君主亦民"的观点；吕柟等人提出了在国家大业与帝王性命发生冲突时应该以国家为重的观点；在以往朝代更替之时很多臣工为旧朝殉葬，李贽则指出旧臣可以为新朝服务；郝敬还指出为臣者重要的是"济事"，完成社会责任，不能轻易地抛弃性命。

明代中后期不仅只有游离在政坛之外的人士提出民主思想，很多大臣也持有类似观点，这表明明代启蒙思想范围之广、对儒家主流思想影响之大。

除了反对君主专制外，明代的启蒙思想重要的一点还有对"先贤"的质疑。王阳明提出了孔子的思想未必全为真理，这在"尊孔孟，习程周"的儒家礼制社会可谓语出惊人。泰州学派的创始人之一王艮等人还提出了圣人与凡人相同的理念，他认为百姓的日常生活之道就是如同圣人的修行之道一般，认为"人皆可以为尧舜"；李贽指出即便普通人在专业知识方面可能不如圣人，但是普通人的品性不一定比圣人差。

多研究些问题

公元1919年6月，胡适接任了《每周评论》编辑工作，不久之后就发表了历史上那篇令人振聋发聩的著名文章——《多研究些问题，少谈些"主义"》。其实这一幕，在了几百年前的明朝中后期就出现过。注重务实的经世实学是明代启蒙运动的重要特点之一。

明朝中后期随着社会思想的活跃，一度出现了许多各种各样的学派。面对这样的情况，最初的阳明学者们强调"即事是道，即事是学"，他们认为"百姓日用即道"。与此同时，随着明朝中后期国家危局不断加剧，一大批士人也力求务实地解决社会实际问题，商品经济的繁荣也让很多"实用之学"登上历史舞台。比如在商业经营行为中，数学、珠算被大量应用；"礼、乐、射、御、书、数"六艺之学受到了广泛的关注。数学、天文学、地理学、水文学受到了士大夫们的推崇，并且以上学科很多都被运用到了军事与农业之中。由于明代中后期民变不断，边境蒙古、倭寇、女真时刻觊觎明朝政府，北疆不平，社会动荡，很多儒士产生了"马上报国"的思想，从朝廷到民间，儒生尚武比比皆是。文臣出现了诸如王阳明、王越这样的"文臣元帅"，民间士人尚武也形成潮流。安徽徽州人吴子钦考取功名之后出门仍旧是身穿窄衫，袖中藏双铁尺，俨然大侠；徽州生员王寅，曾于少林寺习武，后转投胡宗宪幕府。

明代中后期，随着商品经济的快速发展和社会阶级的松绑，促进了社会观念和人们思想的解放；另一方面明代中期之后，在繁荣的表象之下，社会矛盾暗流涌动。朝堂上官僚集团党争不停，贪腐日益严重；农民起义、市民运动此起彼伏，如此境况促生了社会中对传统儒家思想进行反思的启蒙思潮。这种思潮从明代中期开始一直持续到明末，波及社会的各个层面。让这段时期内社会思想、文化、艺术呈现出了极为多样性的景象。

首先随着王守仁心学的创立，让以程朱理学为主流的传统儒学地位发生了变动，王守仁心学的创立对儒家经典进行了进一步的诠释和突破，重视自然和个人的价值思想出现，并且引发了一系列思潮的延续，直到明末清初，反君主专制思想的诞生。心学对思想的启蒙对文化和政治都产生了积极影响。这一时期绘画、诗歌、小说和戏曲的发展达到了一个前所未有的新高度，这不仅体现在经典作品的数量上，还体现在这些优秀作品的思想和文化价值。

明代的启蒙思想是对封建礼制和传统儒学的一大冲击，个人思想的解放、民主萌芽与务实的科学精神对社会的影响力持续到了清末。在近代封建王朝走向崩溃的晚清，士人们惊奇地发现几百年前黄宗羲、李贽的思想原来是那么超前，梁启超把明代的启蒙思想形容为"直击青年心脏的电流"，甚至认为清末的维新变革思想只是明代启蒙思想的复活而已。

遗憾的是在几千年来强大的封建制度影响下，启蒙思想就像是黑夜中的火花一样，虽然无比灿烂，但转瞬即逝。在封建专制体制下，启蒙思想中"明哲保身"的理念也被世人广泛推崇，明末清初的乱世更是让初成体系的启蒙思想受到严酷镇压，最终没能发展成为近代文明。

第三节
当"黑科技"成为日常——西学东渐

集前朝之大成，汇东西之精粹。明朝的科技不但能够青出于蓝，更能兼容并蓄。随着西方传教士的不断涌入，中西方科技、思想产生了碰撞与交融，欧洲拉开了"中国风"的序幕。

星光灿烂

清末著名翻译家王季烈觉得日本人饭盛铤造将英文"Physics"理解为"物理学"十分恰当。而日本人能将"Physics"理解为"物理"，是受到了两百多年前中国的影响。17世纪中国的一本百科全书传入日本，受到了学术界热捧，这本书就是明代思想家、科学家方以智的著作——《物理小识》。

方以智的一生充满传奇色彩，身为明末四公子之一的他中过进士、卖过药、还曾剃度为僧。他对天文、地理、物理、医药、音训等均有研究，其所著的《物理小识》就跟他的经历一样，是一部包罗万象的百科全书。该书成书时间约是明崇祯十六年，公元1643年，共十二卷。内容涵盖天地、律历、风雷、医药、饮食、金石、草木、鸟兽等，涉及的自然科学知识达上千条，如杠杆原理、光的反射、光的散射。方以智还曾进行过小孔成像实验，比牛顿的分光实验早了约三十年。而明朝的科技发展就如同《物理小识》一样，在各门类中都出现了集大成的学者和著作。

17世纪初，日本学者林罗山从商埠长崎购得一部本草专著，并献给德川幕府，这本被奉为"神君御前本"的书很快在日本复刻出版，并掀起了本草医学热，这本来自中国的书就是《本草纲目》。此后的两百多年里，日本研究《本草纲目》的专著达三十多种。

《本草纲目》是明代医学的扛鼎之作，它全面总结了16世纪之前我国药物学的发展历程，李时珍更是耗时三十年终成此书。全书九十万字，收录药物一千八百九十二种，其中有三百七十四种是李时珍自己增补的。更难能可贵的是李时珍在书中提出了当时最先进的药物分类方法，创立了科学的药物分类体系。他将药物分为水、土、金石、草、谷等十六部，确立了大纲，其次在每部下又进行分类，在每一类别下还进行更进一步的细分。本草纲目对药物的分类是对我国传统医学的突破与革新。该书不仅仅局限于本草的研究，书中还有大量关于病理、卫生防疫等方面的论述。

万历四十四年，公元1616年，一位青年人来到了黄山。站在山巅但见怪石星罗棋布，点缀在波澜壮阔的云海之中，云团如海浪翻滚，令人震撼不已。扎根在悬崖峭壁之上的松树千姿百态，古朴苍劲。他发出了"薄海内外之名山，无如徽之黄山"的感叹，于是就有了后来的"五岳归来不看山，黄山归来不看岳"的名句。而这位年轻人就是明代著名的地理学家徐弘祖，也就是我们耳熟能详的徐霞客。徐霞客穷尽一生游历了祖国的大江南北，足迹遍布十六个省，完成了地理奇书——《徐霞客游记》。书中徐霞客对我国西南地区卡斯特岩溶地貌的结构、成因进行了详细的论述。在水系考察研究上，徐霞客第一次指出了金沙江是长江的源头。重实践、考察的治学精神让《徐霞客游记》成了系统考察中国地貌地质的开山之作。

除了以上成就，程大位的《算法统宗》、徐光启的《农政全书》也是划时代的数学、农业巨著。《算法统宗》详细评述了珠算规则，完善了珠算口诀。明末日本人毛利重能将《算法统宗》译成日文，开日本"和算"之先河。而徐光启的《农政全书》更是被誉为"中国古代五大农书"之一，集前人农业科学之大成。全书共分十二卷，在开垦、水利等方面对农业技术做了全面的论述。书中不但有前人农耕经验，更有融合西方技术的新知识和通过徐光启自身经验得出的新结论。徐光启对番薯引进与推广意义的论述、"粪丹法"施肥方法等对农业发展都有深远影响。

徐光启不仅是我国伟大的农学家，他还是明代的数学家与天文学家。而他最重要的身份则是明代中西方文化交流的"中间人"。

外来的和尚不会念经

人一生最理想的状态是什么？可能就是做自己最喜欢的事吧。

万历三十四年，公元 1606 年，北京。徐光启在这里度过了他生命中最快乐的日子，因为他可以经常拜访自己的外国朋友——利玛窦。徐光启如饥似渴地在这里学习着西方的科学——算数、天文、历法、机械。虽然两人结识没有几年，但是共同的爱好已经让他们成了莫逆之交。在北京的这段时间里，两人合作完成了《几何原本》的翻译。得益于明代发达的出版业，很多人能接触到这本书，而他翻译的"直角""锐角"等词汇直到今天还被我们沿用。

明朝中晚期，明代的科技进入了承前启后的重要阶段，在很多领域形成了系统性的科学方法与著作，与此同时随着西方传教士的陆续到来，拉开了"西学东渐"的序幕。古老的中国开始了解、学习甚至是运用西方的文明与科技解决实际问题，而利玛窦与徐光启就是西学东渐里的最佳组合。

在利玛窦来中国之前，欧洲传教士们曾经想方设法让"上帝之光"照到东方的土地之上。嘉靖三十一年，公元 1552 年，传教士圣方济各·沙勿略（St. Francis Xavier）带着遗憾在异国土地永远长眠。从公元 1541 年前往亚洲开始，这位欧洲教廷的使节梦想着能够叩开中国的大门，在亚洲各国布道的期间他深刻感受到了中国的影响力。他看到从占城[1]到日本的京都，社会的精英阶层读的书几乎都是中文撰写的。他在日本布教的时候，日本人总是会下意识反问一句"如果你们的这个'教'这么好，为何中国不知道？"震撼之余，沙勿略从鹿儿岛辗转到平户与京都，只为寻求前往中国的勘合。

　　嘉靖三十一年，公元1552年，历经千辛万苦的沙勿略终于来到了中国澳门附近的上川岛，但是因为语言不通，他进入中国的计划一再受阻，就在这年他身染重病，离开了人世。在此之前，他曾经对葡萄牙驻印度总督说学好中文在亚洲是极为重要的，后来发生的事佐证了他的观点。嘉靖四十四年，公元1565年，传教士巴莱特到澳门会见明朝政府官员，表明想进入中国传教，得到的回答是"先学好中国话。"令人抓狂的是，就算你想学习汉语，但并没有相关教材，更不要提老师了。很快事情出现了转机，意大利传教士罗明坚（Michele Ruggieri）的到来开启了汉语的"破冰之旅"。这位传教士来到澳门之

[1] 今中南半岛东南部。

后几近不惑之年，为了融入当地社会，他想尽办法学习汉语。罗明坚聘请了一位老师，将自己想学习的汉语词画成图形让老师教他相应的汉字怎么发音，就用这样儿童式启蒙的方法，罗明坚仅用一年时间就学会了一万多个汉字。公元1584年，罗明坚和另一位传教士将天主教教义翻译成了中文，刊印了《天主实录》。本书最大的特点在于将中国传统的儒家思想与天主教教义结合，很有当地特色。而帮助罗明坚编译《天主实录》的另一位传教士就是利玛窦。

历史人物的诞生总会伴有"异象"，在西方也是如此。公元1552年利玛窦出生在意大利一个以蓝红色刺猬为家徽的大家族。据说他出生时"天平宫适在其上，土星刚刚升起"，表明了这个新生儿将会有不凡的一生，而这只来自欧洲的"红蓝色刺猬"也确实为中西交流添上了浓墨重彩的一笔。

贵族出身的利玛窦除了天生聪慧外，还具备极高的情商。他来到中国后，积极融入中国人的"圈子"。他在中国会穿中国僧人的服饰而非教袍。为了融入士人阶层，他又改穿儒服，连他们最初在中国所建的教堂都取名"仙花寺"。虽然是欧洲人，但利玛窦深谙人情世故，他知道

"礼多人不怪"，毫不吝啬地向各级官员送出日晷、自鸣钟等欧洲新奇的机械产品。这样的举动赢得了一些官僚的好感，利玛窦很快就在中国的官僚阶层中"圈粉"，结识了一大批官员，王公贵族也争相与利玛窦交好。利玛窦这一时期结识了瞿太素，尽管后者痴迷炼金术，而他接近利玛窦的原因，也是坚信利玛窦有点石成金的技能。经过长期接触，瞿太素迷上了几何学，并且接触到了《几何原本》。

万历二十四年，公元1596年，利玛窦被邀请到江西的白鹿洞书院讲学。万历二十八年，公元1601年，利玛窦进京，此行他携带了西洋琴、玻璃镜、自鸣钟等物品进贡。但礼部的官员对这位"洋和尚"充满了敌意，并上奏神宗将其软禁在了会同馆，直到皇宫的自鸣钟出现问题，他才得以被召见进入大内维修钟表，之后万历皇帝允许利玛窦在北京居住下来。万历三十二年，公元1604年，徐光启考中进士留任翰林院，让他与利玛窦有机会共同打开了"西学东渐"的大门。

中西合璧

随着新航路的开辟，西方殖民者深入到了亚洲的每个角落。在印度、东南亚，他们总是火枪开道，烧杀抢掠。而到了东亚，不论是曾经辉煌的西班牙王朝还是海上马车夫荷兰全部"吃瘪"。虽然已近日薄西山，但明朝不论是经济体量还是武装力量，依旧是 17 世纪的强大王朝。

可明末国家逐渐陷入危局也是不争的事实，很多士大夫与学者也试图接触西方文化与科技，想从中汲取精华，给病入膏肓的明王朝寻找良方。万历三十四年，公元 1606 年，徐光启与利玛窦合作共同翻译了欧几里得的《几何原本》，随后两人共同打开了中西科学交流的大门。之后他们又合作翻译了专门阐述勾股定理的《测量法义》。

除了在算数方面利玛窦带来了先进的科学成果外，到中国之初，他就试图将欧洲的天文学作为"礼物"，以博得明朝皇帝与官僚的好感。在广州和江西时，他经常向来访者演示天球仪、地球仪等天文地理仪器。

基于西方天文学的传播，崇祯二年，公元 1629 年，明朝政府命徐光启对传统历法进行修订，使其更加合理。

历经五年时间，《崇祯历书》编撰完成。书籍全面介绍了欧洲的天文知识，涉及天文原理、天文用表、天文计算知识、天文观测工具等，书中还阐述了哥白尼的天文研究成果，使得中国传统天文历法向近代天文学迈出了重要的一步。利玛窦除了与徐光启合作，他在中国还觅寻到了另一个"知音"——李之藻。在天文研究方面，李之藻通过利玛窦了解星盘的构造后，撰写了《浑盖通宪图说》。李之藻与利玛窦还合作翻译了《同文算指》，它是我国第一部系统介绍欧洲笔算的著作，书中讲述了四则运算法和笔算进位法。

万历十二年，公元1584年，利玛窦在肇庆编绘出《山海舆地全图》，这张世界地图一经问世，就在士大夫阶层引发了轰动，利玛窦通过地图让中国人知道了世界大致的海陆分布，以及赤道及南北极、气候带等地理知识。在对地图进行中文翻译时，利玛窦使用的地球、南极、赤道等中文词汇沿用至今。

除了利玛窦之外，像熊三拔、汤若望、艾儒略等人也将西方的机械学、物理学、医学等知识引入中国。在明朝，中西方科技不断碰撞交融，中国的知识和文化也随着传教士输出到了西方。

公元 1579 到 1588 年间，罗明坚在华期间不断学习汉文化，他将"四书"翻译成拉丁文，带回了欧洲，其手稿还存放于意大利国家图书馆中。传教士的到来推动了早期中西方文明的交流，为欧洲 18 世纪掀起的"中国热"打下了基础。

"孔子门生"

17 世纪法国出现了一个词汇"chinoiserie"，随后传遍了欧洲，这个词指来自中国的商品和各种模仿中国的行为。到了 18 世纪，欧洲更是掀起了一场"中国热"。中国的商品在欧洲供不应求，有关中国的书籍被销售一空，王室成员们经常用着景德镇的瓷器品着中国茶叶谈论有关中国的话题。在他们眼中，中国的一切就如同中国的丝绸和瓷器一样高贵。欧洲人对于中国全面认识正是始于明朝，《利玛窦中国札记》是一本著名的科普书籍，这本书却介绍了中国的地理、风俗、物产、科技、文化、政治，通过这本书，西方人第一次听到了"孔子"的名字。而且这本书解决了一个欧洲人一直争论的谜题——马可波罗笔下的"契丹"就是中国。另外还有葡萄牙人曾德昭（Alvaro Semedo）所著《中华帝国史》，本书全是作者在中国的亲身经历，都是真人真事。西班牙军人出身的门多萨（Mendoza）所著的《中华大帝国史》也在欧洲广为传播。传教士还将中国的典籍翻译带回了西方，让欧洲人能更为深刻地了解东方文化。如前面提到的罗明坚将"四书"翻译成拉丁文，西班牙人高母羡将《明心宝鉴》[1] 翻译成西班牙文。

东西方文化的交流在明朝达到了前所未有的高度，但是在那个时代能到达中国的外国人毕竟是少数。尽管中国的瓷器、丝绸让欧洲人爱不释手，但是想要更进一步了解中国，更多的还是靠介绍中国的书籍和翻译后的中国典籍，这些著作成了中西方交流的重要载体。

进入 18 世纪，欧洲掀起了"中国热"，人们以能用上中国商品为荣，塞纳河边戏园子里的皮影戏最受欢迎；伏尔泰常以孔子学生自居；路易十四最喜欢喝的是中国茶……在那个时代，任何有关中国的事物在欧洲人眼里都是那么的时尚。

---

[1] 明初儿童启蒙书。

第五章　大厦将倾——明朝终局

"眼看他起朱楼，眼看他楼塌了"。经济、文化与军事高度发达，实力强盛的明帝国最终走向衰亡，是因为"白银危机"还是小冰河时代？

最后的告别

崇祯十七年，公元1644年，3月，北京。震耳欲聋的炮声已经持续了两天，但令人诧异的是城下的军队仿佛有神仙护体一般，面对怒吼的大炮却毫发无伤，北京城已经被李自成的大军围得水泄不通。就在一个月前李自成在强攻宁武关[1]时损失惨重，他有了退回陕西休整

---

[1] 今山西省忻州市范围内。

部队的想法，谁知随后大同与宣府的守将竟然送来降表，这让北京的门户瞬间打开，仅仅二十多天李自成的部队便抵达京师。在农民军"大炮击死一人，当屠城"的威慑之下，城上的守军很"默契"地操纵大炮——只是点火却不装弹，于是便出现了文章开头的魔幻场景。随着农民军发起的最后总攻，深得皇室信任的太监们、满口忠君爱国的文臣武将们，在大厦将倾之际纷纷做出了本能的选择——投降。司礼太监曹化淳、太监王相尧、兵部尚书张缙彦等纷纷出降。

城破当日京城阴雨绵绵、烟火弥漫。得知大势已去，崇祯帝在乾清宫与周皇后以及太子、皇子们做最后的告别，不久这位大明王朝的第十六位皇帝在煤山[1]自缢身亡。在位十七年，朱由检曾以霹雳手段铲除魏忠贤等阉党，也有处死袁崇焕的"谜之操作"。他一方面兢兢业业力图中兴，另一方面他又敏感刻薄，经常给大臣们"甩锅"。但不管怎么说，崇祯帝在明朝的帝王中算是勤政的，而大明这艘巨轮的沉没也不能将全部责任归咎于他。

---

[1] 景山。

人口和耕地是衡量古代封建王朝的两个重要指标，明朝相比之前的朝代，在这方面有明显提升。学者费正清估算，仅在万历二十三年，公元1600年，中国的人口数量就达到了一点五亿，出现了像南京这样的百万人口级别的城市。而登记在册的田亩数，从明中期开始约为八百五十万顷，如果算上被豪强劣绅及皇室成员隐匿的土地，估计耕地在一千万顷左右。除了人口与土地的增长，明朝繁荣的商品经济也是其闪光点。明朝中后期，随着中国在全球贸易中的顺差不断扩大，全世界约三分之一的白银流入中国。同时中国的农业发展也日趋成熟，不论是农作物还是经济作物，中国的产量都十分惊人。在明帝国鼎盛时期，富庶的物产能惠泽百姓，正德到万历年间，猪肉在城市中，每斤售价仅七八文钱，鱼虾每斤仅四五文钱，一两银子可以买三十担好柴。从北京到南京，市民餐桌上荤素搭配，不乏时鲜水果，城市中歌舞升平，一派繁华景象。如此摩登大厦是如何在一夜之间倾覆倒塌的呢？

土豪

　　隆庆三年，公元 1569 年，五十六岁的海瑞被徐阶推荐出任应天[1]巡抚。这个明帝国"两京"之一的南方城市是当时最富庶的地区，下辖苏州、常州、镇江等府。当地的富家大户对海瑞打击豪强劣绅的霹雳手段早有耳闻，等海瑞到任后，纷纷低调做事，避其锋芒。让人意想不到的是，上任不久，海瑞的矛头竟直指自己的恩人徐阶。当徐阶看到海瑞发布的公告"本院法之所行，不知其为阁老尚书家也"，"令民各自实田，凡侵夺及受献者还原主"时心中五味杂陈，这位在当时德高望重的阁老对海瑞的铁面无私是一清二楚，但没想到他竟如此不近人情。徐阶只得退还了一万多亩土地。然而事情并未结束，海瑞对于自己这位恩人退还的土地数目远远不满意，他要求徐阶至少退还自己兼并土地的一半。那么这位重臣家里到底有多少田土呢？历史上众说纷纭，综合各方

——————

[1]　今南京。

的数据来看，徐阶家族占有的土地至少在六万亩以上。

明朝中晚期，明朝遇到了历朝历代都发生过的致命问题——土地兼并。不仅仅是官宦豪绅，皇族对土地的占有也是贪得无厌。嘉靖年间，庆阳伯占清苑、清河等县土地达五千四百余顷；崇祯年间，皇帝的岳父嘉定伯一次就讨地七百顷。土地集中在权贵之手，导致国家税收大量减少，占有大量土地的贵族、官绅和富户会利用自己的特权免除赋税，或者千方百计隐匿田产。土地兼并的弊端之一，就是产生大量流民，使贫富差距扩大。明末思想家顾炎武曾言："吴中之民，有田者什一，为人佃作者什九。"大量失去土地的农民变成"流民"，这也是明末农民军能源源不断得到兵员补充的重要原因之一。

贪腐

嘉靖年间，严世蕃曾经与门客点评天下富户，只有十七家能入选嘉靖朝的"富豪榜"，成国公朱希忠、魏国公徐鹏举、都督陆炳、太监黄锦等，而严家父子也是榜上有名。后来严家失势，家产被抄没，人们都知道严家家资颇丰，但是抄出的数额还是令人大开眼界。据统计，严家的财产主要包含了金银珠宝、古玩字画、房产土地三大类。仅江西严府，抄出纯金约一万三千两，纯金器皿三千一百件；白银约二百万两，银器一千六百余件；玉器八百五十余件，折银约三千五百两。而字画收藏更是令人咋舌，上至魏晋下到宋元，钟繇、王羲之、黄庭坚、米芾、赵孟頫等历代名家字画不计其数。严家所持土地有百万亩，房屋无数，分布于北京、南昌、分宜、萍乡、扬州。如此家资，很大一部分来自贪污受贿。统治集团自上而下的整体腐败，是明朝灭亡的重要原因之一。

在立朝之初，朱元璋对官员的贪腐行为几乎是零容忍的态度，为了抑制贪腐，他甚至制定了"剥皮萱草"的严酷刑罚震慑贪官。但是随着时间推移，大明王朝还是不可避免地陷入了封建王朝贪腐的惯性之中。

明朝十六帝，从始至终勤政节俭的皇帝并不多。有的皇帝性格乖张、懒政，有的皇帝爱财如命。像武宗、世宗、神宗、熹宗等均是挥霍无度的。世宗大修殿宇道观，神宗为了满足自己的一己私欲派太监到全国充任矿监税吏。上行下效，从太监到官员形成了无人不贪、唯利是图的风气。皇帝派出的矿监税吏到了地方往往打着皇家旗号鱼肉百姓、横征暴敛，在很多地方激起民变。官场之上更是腐败不堪，卖官鬻爵、私吞军饷、纳贿受馈的行为屡见不鲜。

嘉靖朝的严氏父子更是将为官的腐败艺术演绎到极致，由于他们长期把持朝政，为了"好办事"，文武百官每年都会给父子俩送礼，这叫"问安"；官员有有罪也得给严家送礼，这叫"买命"；官员升迁，也要给严氏父子送礼，这叫"漏缺"；上任后给严家送礼，名曰"回礼"。

世宗时期是明朝官场风气的重要转折点。皇帝醉心于炼丹修道，因此朝政长期被严氏父子把持，造成"一人贪戾，天下成风"。严党执政一切以"搞钱"为主，官场风气大败。世宗在位后期，挥霍无度造成国库空虚，到了嘉靖二十八年，公元1549年，中央财政收入逆差达一百余万两，出现了明代财政史上第一次大幅度亏空，之后财政多次出现巨额赤字。皇家缺钱，世宗亟需严家父子帮自己填补亏空。这种方法虽然能扛过一时，但会带来严重的反噬，满朝官员"士风大坏"，无异于饮鸩止渴。彼时官员都以"美宫室、广田地、蓄金银、免粮税"

为奋斗目标，求官为财，造成社会"含冤无伸，人人思乱"的严重后果。

文官如此，武将亦同。克扣军饷成了武将敛财的主要手段。崇祯年间，朝臣卢象升出任宣大总督时，见到很多士兵在寒冬中竟然只有单衣御寒，有的人连鞋袜都没有。有些武将还士兵留为己用，很多将领将素质好的兵士变成了自己的私人武装。到明朝末期，军队更是乱象频出，杀良冒功屡见不鲜。明末军纪之败坏，让一些地区的百姓防官军甚于防贼。

宦官与党争

天启四年，公元 1624 年的一天深夜，魏忠贤的宅邸里传出一阵阵哭声，伏在魏忠贤脚下不停痛哭的人声情并茂地诉说着自己的遭遇，并且哀求成为这位明朝历史上著名大太监的养子。魏忠贤看着脚下的前巡按御史崔呈秀，一股莫名的优越感油然而生。很快这位因为贪污受贿被革职查办的大员不但官复原职，还平步青云，官至少傅兼太子太傅。榜样的力量是无穷的，既然"认亲"就能得到功名利禄，那么何乐而不为呢？在不久之后的一次家宴中，内阁大学士在席间竟然也恬不知耻地要给魏忠贤当儿子。天启朝，魏忠贤一党中的"十孩儿""四十孙"这些"孝子贤孙"中有很大一部分人是两榜进士，当朝大员。这一切都来源于权力的诱惑。虽然朱元璋在开国时曾立下铁律，宦官不得干政，但是从明成祖起，由于现实情况的变化，皇帝往往需要倚重太监。宣德年间，宣宗下令设内书堂，这个机构被誉为"宦官大学"，教学主要由翰林院负责，这让宦官们的文化素质得到了提高。随着"批红"制度与秉笔太监的出现，宦官们开始在政治舞台"大展拳脚"。这些人与皇帝朝夕相处，在获取了更大的权力之后，很多宦官内心产生了微妙的变化，在皇权的庇护下，野心与贪欲越来越大。在明朝中后期，刘瑾、魏忠贤等宦官在得势之后往往欺上瞒下，独掌朝政，横征暴敛，对明朝社会造成了极大危害。有些宦官还被授予了监军权力，为了讨好这些"顶头上司"，很多将领不得不与宦官沆瀣一气，进一步加剧了军队的腐败和战斗力下降。宦官当政，是朝朝政治、社会紊乱的重要原因之一。祸不单行，明朝在末期还出现了另一个让人崩溃的乱象——党争。

明代立国初期，朱元璋废丞相设六部，旨在将权力集中在皇帝手中，然而不是每一位皇帝都像明太祖一样具备充沛的精力，即便是同样能力出众的明成祖朱棣在繁杂的国事前也常常感到力不从心。于是在建文四年，朱棣亲自遴选了解缙、杨荣、杨士奇等人进入文渊阁。文渊阁在藏书修撰的同时，也成了明代早期内阁的办公场所，随后内阁在永乐朝之后逐渐发展为明朝政府官僚机构的中枢大脑。到宣德年间，内阁有了"票拟"的权力，能够入阁的大臣大都深得皇帝信赖，也称阁臣们为"阁相"。明代官员送往中央重要的公文都要经过内阁的审定，然后转给皇帝审核，后来司礼监逐渐帮助皇帝进行审核批示，俗称"批红"。在主强臣弱的时代，内阁和司礼监都会统一在皇权之下。但到了皇帝懒政的朝代，内阁和司礼监就各自成了权力中枢，为了争夺更大的话语权，自然少不了明争暗斗。

有人的地方，就有江湖，广阔的疆域和封建小农经济让中国朝堂上的官员往往以地域、师承发展为小团体，比如明朝初年支持朱元璋开国的淮西勋贵。明朝末年，吏部员外郎顾宪成辞官在无锡东林书院讲学，引来士人和很多在朝官员关注，"顾宪成小组"的成员们互相引荐，议论朝政，逐渐形成"东林党"。此外朝堂之上还有浙党、齐党等。各派为了打击对手，可以置国家大事于不顾，让崇祯帝都说出了"文臣皆可杀"的气话。党争一直持续到明朝灭亡，甚至在南明的小朝廷中也没有停息。

白银危机？

17世纪30年代开始，亚洲的国际贸易局势发生了新变化，荷兰人控制了印度到马六甲的航线，让葡萄牙人在澳门的生意变得难做；日本进入德川幕府时代，与葡萄牙的蜜月期结束……以上种种导致了短时期中国国际贸易受到影响，白银流入量减小。美国学者阿特韦尔认为明朝的灭亡的原因之一，是明末白银流入量的下降导致的经济问题。虽然17世纪初白银流入中国的数量确实出现了下降，但是只是短暂的，因为即便葡萄牙人和中国的贸易受到影响，还有更为强势的荷兰人成为中国新的贸易伙伴，明王朝"吞金兽"的角色依然稳固。崇祯十年，公元1637年，菲律宾官员曾经向西班牙国王抱怨"美洲运来的白银全部流向了中国，中国几乎拿走了全亚洲和欧洲的白银"。明亡时，李自成在北京短短二十多天内就搜出了近八千万两的白银，如此看来，这一时期中国"不差钱"。明朝灭亡的主要原因还是腐败的政治体制所造成的，大量的白银流入特权阶层，他们千方百计地逃避赋税。明帝国末期，财政的主要来源还是指向几乎身无分文的农民，有些地方征税甚至征到了孙子辈，无数破产的农民只能选择铤而走险。

皇帝也是人

大明王朝从朱元璋和朱棣开始，高开低走，直到灭亡，除了以上的各种原因之外，还有一个因素就是明朝皇帝的个人素质问题。

作为我国封建历史上的大一统王朝，且不说与盛世汉唐相比，就是与后来的清王朝相比，明代个别皇帝的个人素质和勤政程度也堪忧。

除了前期的几位皇帝都保持在"及格线"以上，明代中后期昏君迭出。喜欢豢养虎豹贪于玩乐的武宗朱厚照、长年痴迷道教的世宗朱厚熜、长期"罢工"的神宗朱翊钧、"木匠皇帝"熹宗朱由校……其中世宗和神宗两位皇帝执政时间加起来将近一个世纪，虽然他们在执政初期都有过"中兴"的表现，但不过是昙花一现，明朝中后期就在荒诞帝王的一代代接力下逐渐糜烂。

　　而明代后期持续频发的自然灾害也成了压垮骆驼的最后一根稻草。气候对封建农耕王朝的影响是毋庸置疑的。天启七年，连续的自然灾害导致饥荒愈加严重，多地出现了"人相食"的惨剧。崇祯时期，全国迎来了最大的一次旱灾，大灾过后又爆发了虫灾等次生灾害。从崇祯三年起，作为北方粮食基地的华北平原基本上没有过上一天好日子，旱灾、虫灾交替发生。崇祯时期，大旱形成了数千公里的特大灾区，到崇祯末年，灾情又扩散到黄河长江中下游。饥民吃草吃树皮，食用"观音土"。

　　"眼看他起朱楼，眼看他楼塌了"。不论朱元璋有着怎样的雄才伟略，他一手缔造的明帝国终究没能逃脱封建王朝更替的规律，种种原因让明王朝走向了末路。

参考文献

1. 牟复礼（美）、崔瑞德（英）《剑桥中国明代史》. 中国社会科学出版社

2. 冈田武彦等著（日）钱明编《日本人与阳明学》. 台海出版社

3. 白晨光《大明水师三百年》. 台海出版社

4. 韩胜宝《郑和之路》. 团结出版社

5. 瞿同祖《中国封建社会》. 商务印书馆

6. 樊树志《重写晚明史——朝廷与党争》. 中华书局

7. 柏云《中国古代农业》. 中国商业出版社

8. 李光湖《明帝国的新技术战争》. 台海出版社

9. 陈宝良《狂欢时代——生活在明朝》. 人民出版社

10. 上田信（日）《海与帝国——明清时代》. 广西师范大学出版社

11. 吴孟雪、曾丽雅《明代欧洲汉学史》. 东方出版社

12. 费孝通《乡土中国》. 人民出版社

13. 陈宝良《大明风华——明朝人的城市生活》. 岳麓出版社

14. 林勇亮《东亚主权观念——生成方式与秩序意涵》. 社会科学文献出版社

15. 晁中辰《明成祖传》. 人民出版社

16. 顾卫民《荷兰海洋帝国史》. 上海社会科学院出版社

17. 赵恺《东海博弈——明帝国与日本的三百年战史》. 团结出版社

18. 崔官（韩）著，金锦善、魏大海译《壬辰倭乱——四百年前的朝鲜战争》中国社会科学出版社

19. 宋念申《发现东亚》. 新星出版社

20. 丁晨楠《海东五百年》. 漓江出版社

21. 许明龙《欧洲十八世纪中国热》. 商务印书馆

22. 黄一农《红夷大炮与明清战争》. 四川人民出版社

23. 陈江《明代中后期的江南社会与社会生活》. 上海科学院出版社

24. 王思明《世界农业文明史》. 中国农业出版社

25. 三田村泰助（日）著，许美祺译《明帝国与倭寇》. 四川人民出版社

26. 晁中辰《明代海外贸易研究》. 故宫出版社

27. 李文治、魏金玉、经君健《明清时代的农业资本主义萌芽问题》. 中国社会科学出版社

28. 万明《明代中外关系史探研》. 天津古籍出版社

29. 劳伦斯·贝尔格林（美）著，李文远译《麦哲伦与大航海时代》. 中国科学技术出版社

30. 宫崎正胜（日）著，田中景译《商业与文明》.中国科学技术出版社

31. 贡德·弗兰克（德）著，刘北城译《白银资本》.四川人民出版社

32. 孙卫国《大明旗号与小中华意识》.四川人民出版社

33. 欧阳泰（美）著，张孝铎译《从丹药到枪炮》.中信出版社

34. 万明《中国融入世界的步履——明与清前期海外政策比较研究》.故宫出版社

35. 章宪法《海上大明——郑和舰队的七次远航》.江苏凤凰文艺出版社

36. 钱林万《火器传奇——改变人类历史的枪与炮》.科学出版社

37. 王涛《明清海盗（海商）的兴衰》.社会科学文献出版社

38. 缪赛尔·霍利（加）著，万宇译《壬辰战争》.民主与建设出版社

39. 吴大昕《海商·海盗·倭——明代嘉靖大倭寇的形象》.科学出版社

40. 李伯重《火枪与账簿》.三联书店

41. 袁新灿《朝贡、战争与贸易——大航海时代的

明朝》.天地出版社

42. 王天有、高寿仙《明史——多重性格的时代》.中信出版集团

43. 方志远《万历兴亡录》.商务印书馆

44. 樊树志《万历皇帝传》.凤凰出版社

45. 韦庆远《韦庆远说隆庆皇帝》.万卷出版公司

46. 吴晗《朱元璋传》.湖南人民出版社

47. 吴晗《大明王朝三百年》.华文出版社

48. 范军《坐龙椅——明朝帝王的风雨人生》.金城出版社

49. 张宏杰《大明王朝的七张面孔》.广东人民出版社

50. 杜婉言《失衡——明代宦官与党政》.东方出版社

51. 伊永文《明代社会日常生活》.中国工人出版社

52. 范军《崇祯权力场——大明王朝的最后弈局》.重庆出版社

53. 杨林坤《西风万里交河道——明代西域丝绸之路上的使者和商旅研究》.兰州大学出版社

54. 张箭《地理大发现研究》.商务印书馆

55. 张星烺《欧化东渐史》.商务印书馆

56. 黄仁宇《万历十五年》.三联书店

57. 许倬云《台湾四百年》.浙江人民出版社

58. 苗棣《崇祯皇帝传》.长江文艺出版社